AF089653

Kohlhammer

# Analytische Psychologie C. G. Jungs in der Psychotherapie

Herausgegeben von Ralf T. Vogel

Ralf T. Vogel

# Individuation und Wandlung

Der »Werdensprozess der Seele« in der
Analytischen Psychologie C. G. Jungs

Verlag W. Kohlhammer

*Für Sabine*

Dieses Werk einschließlich aller seiner Teile ist urheberrechtlich geschützt. Jede Verwendung außerhalb der engen Grenzen des Urheberrechts ist ohne Zustimmung des Verlags unzulässig und strafbar. Das gilt insbesondere für Vervielfältigungen, Übersetzungen, Mikroverfilmungen und für die Einspeicherung und Verarbeitung in elektronischen Systemen.

Die Wiedergabe von Warenbezeichnungen, Handelsnamen und sonstigen Kennzeichen in diesem Buch berechtigt nicht zu der Annahme, dass diese von jedermann frei benutzt werden dürfen. Vielmehr kann es sich auch dann um eingetragene Warenzeichen oder sonstige geschützte Kennzeichen handeln, wenn sie nicht eigens als solche gekennzeichnet sind.

Es konnten nicht alle Rechtsinhaber von Abbildungen ermittelt werden. Sollte dem Verlag gegenüber der Nachweis der Rechtsinhaberschaft geführt werden, wird das branchenübliche Honorar nachträglich gezahlt.

Abbildung auf S. 52 aus: Joseph Campbell, Der Heros in tausend Gestalten. Aus dem Amerikanischen von Karl Koehne. S. 264. © Insel Verlag Berlin 2011.

1. Auflage 2017

Alle Rechte vorbehalten
© W. Kohlhammer GmbH, Stuttgart
Gesamtherstellung: W. Kohlhammer GmbH, Stuttgart

Print:
ISBN 978-3-17-028420-3

E-Book-Formate:
pdf: ISBN 978-3-17-028421-0
epub: ISBN 978-3-17-028422-7
mobi: ISBN 978-3-17-028423-4

Für den Inhalt abgedruckter oder verlinkter Websites ist ausschließlich der jeweilige Betreiber verantwortlich. Die W. Kohlhammer GmbH hat keinen Einfluss auf die verknüpften Seiten und übernimmt hierfür keinerlei Haftung.

# Geleitwort

Dieser Buchreihe gebe ich sehr gerne ein Geleitwort mit auf den Weg. Dies geschieht heute an einer Station in der psychotherapeutischen Landschaft, von der aus man fast verwundert zurück blickt auf die Zeit, in der sich Angehörige verschiedener »Schulen« vehement darüber stritten, wer erfolgreicher ist, wer die besseren Konzepte hat, wer zum Mainstream gehört, wer nicht, und – wer, gerade weil er nicht dazu gehört, deshalb vielleicht sogar ganz besonders bedeutsam ist. Unterdessen wissen wir aufgrund von Studien zur Psychotherapie, dass die allgemeinen Faktoren, wie zum Beispiel die therapeutische Beziehungsgestaltung, verbunden mit der Erwartung auf Besserung, wie die Ressourcen der Patienten, wie das Umfeld, in dem die einzelnen leben und in dem sie behandelt werden, eine grössere Rolle spielen als die verschiedenen Behandlungstechniken. Zudem – und das zeigen auch Forschungen (PAPs Studie, Praxisstudie Ambulante Psychotherapie Schweiz) – werden heute von den Therapeutinnen und Therapeuten neben den schulspezifischen viele allgemeine Interventionstechniken angewandt, vor allem aber auch viele aus jeweils anderen Schulen als denen, in denen sie primär ausgebildet sind.

Gerade aber, weil wir unterdessen so viel gemeinsam haben und unbefangen auch Interventionstechniken von anderen Schulen übernehmen, wächst auch das Interesse daran, wie es denn um die Konzepte der »jeweils Anderen« wirklich bestellt ist. Als Jungianerin bemerke ich immer wieder, dass Theorien von Jung als »Steinbruch« benutzt werden, dessen Steine dann in einer neuen Bauweise, beziehungsweise in einer neuen »Fassung« erscheinen, ohne dass auf Jung hingewiesen wird. Das geschah mit der Jungschen Traumdeutung, von der viele Aspekte überall dort übernommen werden, wo heute mit Träumen gearbeitet wird. Dass C. G. Jung zwar auch nicht der erste war, der mit Imaginationen intensiv gearbeitet hat, Imagination aber zentral ist in der Jungschen Theorie, wurde gelegentlich »vergessen«; die Schematheorie kann ihre Nähe zur Jungschen Komplextheorie, die 100 Jahre früher entstanden ist, gewiss nicht verbergen.

Vieles mag geschehen, weil die ursprünglichen Konzepte von Jung zu wenig bekannt sind. Deshalb begrüsse ich die Idee von Ralf Vogel, eine Buchreihe bei Kohlhammer herauszugeben, bei der grundsätzliche Konzepte von Jung – in ihrer Entwicklung – beschrieben und ausformuliert werden, wie sie heute sich darstellen, mit Blick auf die Verbindung von Theorie und praktischer Arbeit. Ich bin sicher, dass von der Jungschen Theorie mit der großen Bedeutung, die Bilder und das Bildhafte in ihr haben, auch auf Kolleginnen und Kollegen anderer Ausrichtungen viel Anregung ausgehen kann.

Verena Kast

# Inhaltsverzeichnis

Geleitwort ................................................. 5

Zur Einführung ............................................ 10

1 Vorbemerkungen: Die ›Essentials‹ der Analytischen Psychologie C. G. Jungs ............................... 13

2 Einführung in ein individuationsorientiertes Denken ..... 16
   2.1   Erste Entwicklungen des Individuationsgedankens   16
   2.2   Der Individuationsbegriff in der Psychoanalyse Freud'scher Tradition ............................ 21
   2.3   Die Individuationsidee in den humanistischen therapeutischen Denkrichtungen .................. 23

3 Der Individuationsbegriff bei C. G. Jung ................ 26
   Exkurs: Individuation und das Rote Buch C. G. Jungs .. 30

4 Individuation und Finalität ............................. 33

5 Individuation und die psychischen Grundfunktionen .... 38

6 Die Vereinigung der Gegensätze ........................ 41

7 Der Individuationsweg als Archetyp ..................... 47
   7.1   Die Heldenreise ................................. 48
   Exkurs: Der Held als Geflüchteter ..................... 57
   7.2   Der Pilgerweg .................................. 57

| 8 | Das alchemistische Werk – Die Rolle der Beziehung zum Anderen | 59 |

| 9 | Die Aufgaben des Individuationsprozesses | 62 |

9.1 Kindheit und erste Lebenshälfte .................. 63
Exkurs: Erich Neumanns »Ursprungsgeschichte des
Bewusstseins« (1949) als Individuationsleitfaden ........ 65
9.2 Die klassischen Individuationsanforderungen ..... 67
    9.2.1 Rücknahme der Projektionen ............. 68
    9.2.2 Aufbau und Relativierung der Persona .... 72
    9.2.3 Die Schattenarbeit ....................... 74
    9.2.4 Entwicklung der Inneren Begleiter ......... 75
    9.2.5 Ablösung von unbewusst-kollektiven Motiven ................................. 77
    9.2.6 Arbeit an und mit den Komplexen ........ 77
    9.2.7 Konfrontation mit dem Tod .............. 79
9.3 Der Individuationsprozess und die existenziellen Themen des Menschseins ....................... 86
9.4 Das Opfer und die Notwendigkeit der Krise ..... 87
9.5 Das Bemühen um die Transzendente Funktion ... 89

| 10 | Individuation und chinesische Philosophie | 91 |

| 11 | Das Selbst ist und bestimmt das Ziel | 94 |

| 12 | Symbole des Individuationsprozesses | 98 |

| 13 | Lebensphasen und Lebensaufgaben | 100 |

| 14 | Individuation und Lebenssinn | 102 |

| 15 | Die (Krise der) Lebensmitte und die zweite Lebenshälfte | 104 |

| 16 | Hindernisse im Individuationsverlauf – Abwehr und klinische Krankheitstheorie | 105 |

| 17 | Persönliche Entwicklung und soziale Entwicklung | 108 |
|---|---|---|
| | 17.1 Ausbildungsinstitute individuationstheoretisch betrachtet | 110 |
| | 17.2 Individuation und Supervision | 111 |
| 18 | Affekte des Individuationsprozesses | 113 |
| | 18.1 Individuation und Authentizität | 114 |
| 19 | Individuation als klinisch-psychologischer Begriff | 117 |
| | 19.1 Individuation als therapeutische Prozesstheorie | 117 |
| | 19.2 Wandlung statt Veränderung | 119 |
| | 19.3 Achtsamkeit und Aufmerksamkeit | 123 |
| | 19.4 Methoden der Individuation | 128 |
| 20 | Individuation und Zeit | 133 |
| 21 | Das Individuationskonzept als Spiritualität in der Psychotherapie | 135 |

Literaturverzeichnis ............................................. 137

Sach- und Personenverzeichnis ................................. 149

# Zur Einführung

Das vorliegende Buch bezweckt die Vermittlung der Individuationstheorie der Analytischen Psychologie für die therapeutische Praxis und ist Teil der Reihe ›Analytische Psychologie in der Psychotherapie‹, in der die Grundkonzepte der von dem Schweizer Psychiater und Psychologen C. G. Jung (1987 5–1961) entwickelten und seither beständig fortgeschriebenen ›Analytischen Psychologie‹ in kompakter und praxisnaher Form dargestellt werden. Dabei wird deutlich werden, dass jedes dieser Grundkonzepte seinen Platz im Individuationsgedanken (lat. *individuare*, sich untrennbar bzw. unteilbar machen, aber auch sich unterscheidbar, einzig machen) Jungs findet. Dieser Individuationsgedanke bildet also quasi eine die Jung'sche Psychologie vereinigende ›Überschrift‹ über die einzelnen, von seinem Begründer im Laufe seiner langen Schaffenszeit ausgearbeiteten Einzel-Theorien. Jung selbst hielt den Individuationsgedanken für das Herzstück seiner Psychologie. Seine wichtigsten Schülerinnen (vgl. z. B. Jacobi 1971, S. 13) und zahlreiche moderne Jungianer folgen ihm und sehen in ihm »das zentrale Konzept der Jung'schen Psychologie« (Schnocks 2013, S. 11).

Das Individuationskonzept C. G. Jungs ist, wie sich zeigen wird, eine komplexe philosophisch-psychologische Theorie. Als solche ist sie, folgt man auch nur ansatzweise einer skeptischen Erkenntnistheorie, empirisch nicht letztgültig verifizierbar, sondern unterliegt vielmehr den geisteswissenschaftlichen Beurteilungskriterien. Allerdings ist es umgekehrt möglich, einzelne Bestandteile der Theorie einer forscherischen Untersuchung zu unterziehen. Wenn auch nicht ausdrücklich aus jungianischer Perspektive entwickelt, gibt es doch in den akademischen Forschungsbereichen v. a. der Geistes- und Gesellschaftswissenschaften immer wieder Forschungsvorhaben, die sich, oft ohne es zu wissen oder gar zu benennen, mit Teilaspekten der Individuationstheorie befassen. Es würde den vorgegebenen Rahmen dieser Schriftreihe übersteigen, wollte man hierzu eine vollständige Auflistung geben. Allerdings wird der aufmerksame Leser feststellen, dass an unterschiedlichen Stellen Hinweise auf ganz ›klassisch‹-empirische Untersuchungen gegeben werden, die sich auf den jeweiligen Aspekt des Individuationsgedankens beziehen. Ergänzend zur Informationsgewinnung soll dadurch auch auf die Anschlussfähigkeit des Individuationskonzeptes an die modernen akademischen Mainstream-Wissenschaften hingewiesen werden.

Die neben ihrer Wissenschaftlichkeit zweite Notwendigkeit für eine psychologische Theorie, die praktische Anwendbarkeit derselben, soll im vorliegenden Band ebenfalls ausdrücklich berücksichtigt werden. Hierzu werden die theoretischen Aussagen v. a. in den für die Psychotherapie unmittelbar relevanten Kapiteln durch anonymisierte Fallvignetten der tiefenpsychologisch fundierten Behandlung eines Patienten, Herrn Z., ergänzt. Falldarstellungen haben v. a. in der Geschichte der Psychoanalyse eine lange Tradition, ja gelten sogar bisweilen als der ›Königsweg‹ zur Entwicklung oder zumindest Veranschaulichung einer therapeutischen Methode. Als wissenschaftliches Instrument haben sie im Zuge der Mathematisierung psychologischer Forschung ungerechtfertigterweise zunehmend an Bedeutung verloren. Als Methode, darzustellen, was mit theoretischen Erwägungen nun genau gemeint ist, haben sie aber nach wie vor größten Stellenwert. In letzteren Zusammenhang sind auch die nun hier zur Verfügung gestellten anonymisierten Fallvignetten einer Behandlung (formal als tiefenpsychologische Langzeittherapie mit 62 Behandlungsstunden) eines Anfang 50-jährigen Mannes mit infauster organischer Prognose gestellt. Sie werden immer dann eingefügt, wenn ein abstrakter Theoriebaustein dadurch konkreter und praxisnaher gefasst werden kann.

> *Herr Z. war bei seinem ersten Gesprächstermin 52 Jahre alt, verheiratet und ein stark engagierter Oberarzt der orthopädischen Abteilung einer kleinen Landklinik. Seit mehreren Jahren kämpfte er bereits um seine körperliche Gesundheit, nachdem nach einem Leberversagen eine Lebertransplantation erfolgte. Dieses Organ wurde aber abgestoßen, eine zweite Transplantation erfolgte. Nun war seit einigen Monaten klar, dass auch dieses Organ nicht von seinem Körper adaptiert wurde*

*und damit sein Lebensende nach Ansicht aller ihn behandelnder Ärzte absehbar wurde.*

Immer wieder haben jungianische Analytiker darauf hingewiesen, dass das Werk Hermann Hesses, der ja sowohl bei einem Schüler Jungs, Josef Bernhard Lang (1881–1945), als auch bei diesem selbst Rat und Hilfe suchte (Feitknecht 2006), auch als eine literarische und gestalterische Bebilderung der jungianischen Theorie zu betrachten ist (z. B. Rasche 2003). Die den einzelnen Kapiteln vorangehenden kurzen Ausschnitte aus verschiedenen Werken Hesses sollen dem dienen und vielleicht auch etwas von der ›Stimmung‹ vermitteln, welche die in einem solchen Lehrbuch eher etwas sachlich-nüchtern daherkommenden Theoriekonzepte auch beinhalten. Sie stammen größtenteils aus dem Sammelbändchen Hermann Hesse: Leben ist Werden (2008), in dem bereits viele für unseren Gegenstand relevante Aussagen aus dem Gesamtwerk Hesses zusammengetragen sind.

Schließlich sei noch auf die durchgängig männliche Schreibweise in diesem Text hingewiesen, die der einfachen Lesbarkeit geschuldet ist, in der Hoffnung, weibliche Leserinnen dadurch nicht zu verärgern.

# 1 Vorbemerkungen: Die ›Essentials‹ der Analytischen Psychologie C. G. Jungs

C. G. Jung schuf im Laufe seines schöpferischen Lebens ein psychologisch-philosophisches Denkgebäude, das, nach anfänglichen Versuchen auf naturwissenschaftlichen und experimentalpsychologischen Feldern, zu einem umfassenden geisteswissenschaftlichen System mit grundlegenden kultur-, religions- und geschichtswissenschaftlichen Ansätzen sowie sozialwissenschaftlichen und psychotherapeutischen Anwendungsformen derselben heranwuchs. Mit welchen Überschriften oder Kernbegriffen diese *Tiefen*psychologie (hier verstanden als eine Psychologie mit herausragender Beachtung unbewusster dynamischer Prozesse) am besten und prägnantesten zusammenfassend beschrieben werden kann, ist innerhalb der Community der Analytischen Psychologie (also derjenigen tiefenpsychologischen Schulrichtung, die sich ableitet aus den Konzepten Jungs und seiner unmittelbaren Schüler) nicht eindeutig beantwortet, und auch die Frage, ob die Analytische Psychologie (wie etwa im Krankenkassensystem der Bundesrepublik Deutschland) der Psychoanalyse zuzuordnen ist oder ob sie nicht vielmehr eigenständig daneben steht, ist weltweit beständig in Diskussion.

Auszugehen ist bei der Frage nach dem, was eine therapeutische Denkrichtung im Endeffekt wirklich ausmacht – von ihrem zugrundeliegenden Menschenbild. Von Jung und zahlreichen seiner Nachfolger wird hier die Annahme eines Unbewussten mit tiefen, kollektiven Schichten genannt, das sich dem Bewusstsein gegenüber weitgehend autonom verhält und eine gewisse Dynamik aufweist. Dazu gehört, dass die Analytische Psychologie mit einem als letztlich unwissbar und damit auch unmessbar, geheimnisvoll, mit den Begriffen des Numinosen und der Opazität umschriebenen seelischen Innenraum rechnet, was auch als das ›Fremde‹ oder ›Andere‹ in uns benannt wird. An anderer Stelle (Vogel

2016) wurde auf dieser Grundlage folgender Vorschlag zur Formulierung solcher ›Essentials‹ gemacht, in die das hier vorzustellende Individuationskonzept eingebettet ist.

Die Kernbegriffe der Analytischen Psychologie sind demnach

- Das Konzept eines geschichteten, dynamischen Unbewussten und der Archetypen als die Inhalte der kollektiven, unbewussten Regionen
- Das Konzept des Selbst als das regulierende Zentrum des menschlichen Daseins und seiner Beziehung zum bewussten ›Ich‹
- Die sog. ›Typologie‹, also die Sicht des Menschen als ein Wesen mit komplementären psychischen Funktionen, die den Blick auf sich selbst und die Anderen bestimmen
- Das Finalitätsprinzip als ein Verständnis der menschlichen Entwicklung als zielgerichteter und sinnhafter Prozess
- Das Individuationskonzept

Spätestens seit dem Philosophenarzt und Maler Carl Gustav Carus (1789–1869) und den Einflüssen der Romantik auf das menschliche Bemühen, sich selbst zu verstehen, gilt die Psychologie v. a. in tiefenpsychologischen Kreisen als eine »Wissenschaft, die sich mit den Werdensprozessen der Seele beschäftigt« (Wehr 1996, S. 21). Jung selbst bezeichnete seine wissenschaftlichen Werke als »lediglich Nebenprodukte eines persönlichen Individuationsprozesses« (Jung in Hinshaw und Fischli 2003, S. 252) und ordnete seine wichtigsten wissenschaftlichen Konzepte diesem zu. Aber auch außerhalb der Jung'schen Community wird der Individuationsbegriff zuallererst Jung zugeschrieben (z. B. im Duden), obwohl sowohl innerhalb als auch außerhalb der Psychologie vielfältige weitere Bedeutungsfacetten zu finden sind, die mit der Sichtweise der Analytischen Psychologie nichts mehr zu tun haben.

Gleichzeitig kann Jungs Gesamtwerk aber eben auch als kreativer Ausdruck seines eigenen Individuationsprozesses gelesen werden. So wie die anderen Kernbegriffe Jungs ist auch der Individuationsgedanke keine primär klinisch-psychologische Theorie. Sie ist vielmehr eine empirisch belegbare und philosophisch-geisteswissenschaftlich begründbare Sicht auf das Wesen des Menschen im Sinne einer tiefenpsychologischen Grundlagentheorie/-philosophie. Aus ihr lassen sich sekundär Anwendungen entwickeln, etwa im Bereich der Kulturtheorie, der Sozialwissenschaften oder, wie in unserem Falle, der Psychotherapie.

Zu keinem der oben genannten Essentials hinterließ C. G. Jung eindeutige, erst recht nicht lehrbuchartige Werke. Auch der Individuationsbegriff wurde von ihm in gewisser Weise inkonsistent entwickelt und dargestellt. Dies gilt, obwohl durchaus Texte wie etwa das zweite Kapitel des 1916 verfassten Büchleins ›Die Beziehungen zwischen dem Ich und dem Unbewussten‹ (Jung 1916, GW Bd. 7) oder der reich bebilderte Aufsatz ›Zur Empirie des Individuationsprozesses‹ (Jung 1950, GW Bd. 9/1) zu den empfehlenswerten ›Klassikern‹ Jung'scher Individuationsdarstellungen zählen (die Literaturangaben zu Jungs Werk beziehen sich immer auf die Sonderausgabe der Gesammelten Werke im Walter Verlag). Vielmehr müssen seine theoretischen Konzepte aus vielen Abschnitten, Kapiteln und Einzelaussagen unterschiedlicher Bände des gewaltigen Gesamtwerks herausgeschält und zu einem weitestgehend einheitlichen Konzept zusammengefügt werden. Hinzu kommt, dass Jung auch bzgl. des Individuationsgedankens im Verlauf seiner persönlichen Entwicklung zu unterschiedlichen Zeiten unterschiedliche Betrachtungsschwerpunkte setzte und manchmal sogar fast gegensätzliche Formulierungen benutzte. Diese breite, von Jung durchaus anerkannte und gutgeheißene Heterogenität vieler seiner zentralen Begriffe führte bereits in der zweiten Generation der Jungianer und erst recht bis in die heutige Zeit hinein zu verschiedenen Anwendungs- und Darstellungsweisen der Individuationstheorie im deutschsprachigen, aber auch im angloamerikanischen Raum. Die Bandbreite der Begriffsverwendung geht dabei von der Nutzung des Individuationsgedankens als Nachweis der spirituellen, ja mystischen Grundausrichtung Jungs auf der einen bis hin zur Operationalisierung des Individuationskonzepts als psychotherapeutische Prozesstheorie auf der anderen Seite.

Der Wandlungsaspekt schließlich ist dem Individuationsprinzip bei- und begriffshierarchisch untergeordnet. Der Individuationsprozess folgt nicht einer linearen, schrittweisen Veränderung, sondern geschieht in (Lebens-)»Stadien« von Progression und Regression, Fließen und Stagnation (Jacobi 1971), in Wandlungsphasen, die den Prozess wiederum vorantreiben. Wandlung ist so betrachtet die praktische ›Funktionsweise‹ der Individuation und hat damit gerade für die psychotherapeutische Umsetzung der Individuationsidee eine besondere Bedeutung.

# 2 Einführung in ein individuationsorientiertes Denken

»*Leben ist Werden*«
H. Hesse

Im Folgenden sollen überblicksartig und ausgehend von ihren klassischen Vorläufern die wichtigsten in der Psychotherapielandschaft zu findenden Konzepte menschlicher Individuation aufgeführt werden, um in einem nächsten Schritt die genuin jungianische Sichtweise darauf beziehen und davon abheben zu können.

## 2.1 Erste Entwicklungen des Individuationsgedankens

Das wahrscheinlich von dem klassisch-griechischen Dichter und Philosophen Pindar (ca. 520–446 v. Chr.) erstmals formulierte und von Friedrich Nietzsche gern adoptierte *genoio, hoios essi,* – ›Werde, der/die du bist‹ – ist bis in die heutige Zeit in der Entwicklung der abendländischen Philosophie ein zentraler Terminus geblieben. Es ist »eine der klassischen und archetypischen Aussagen der Denker aller Zeiten« (Bucay 2015, S. 77) und gleichzeitig die wohl kürzeste Zusammenfassung des Jung'schen Individuationsgedankens. Kenner des klassischen Altertums weisen allerdings darauf hin, dass der Satz von Pindar wohl so verstanden werden müsse, dass er den angesprochenen Fürsten damit auffordere, so zu werden wie Pindar gesagt habe, dass er tatsächlich sei (z. B. Thummer

1972). Damit ist bereits auf die Gefahr hingewiesen, dieses Ideal und damit auch die gesamte Individuationsidee normativ zu missbrauchen, indem der eine wisse, wie der andere werden solle, wie der »Individuierte« denn letztendlich sein solle. Übersetzt von Friedrich Hölderlin heißt es in Pindars zweiter pythischen Ode: »Werde der du bist erfahren« (Beißner 1974). Hier zeigt sich bereits die Nähe zu einem zweiten, v. a. in der Psychoanalyse häufig strapazierten Aphorismus, dem *gnothi seauton*, – ›erkenne dich selbst‹ – des delphischen Tempels. Zu werden, der man ist, setzt also schon lange vor Sigmund Freud (1856–1939) einen Erkenntnisakt voraus und formuliert längst vor Alfred Adler (1870–1937) und C. G. Jung die menschliche Entwicklung als nach vorne und auf ein Ziel hin ausgerichtet. Individuation als ›Werde, der/die du bist‹ setzt voraus, dass es etwas in uns gibt, das werden soll. Sie verläuft, so verstanden, nicht in irgendeine x-beliebige Richtung. Im Griechischen kennt man den Begriff der *Entelechie*, der übersetzt werden könnte als das ›in sich selbst zu findende Ziel‹ und der bereits deutliche Anklänge an moderne Vorstellungen von Selbstverwirklichung birgt. »Es ist das uns aufgetragene Wesen, das wir geheimnisvoll, keimhaft als ein unentfaltetes Bild in uns tragen« (Froboese 1956, S. 136) und Jungs dazu passende Auffassung, der Mensch solle zu dem bestimmten »Einzelwesen« werden, »das er nun mal ist« (GW Bd. 6 § 827; Bd. 7 § 267), stellt das Gegenteil einer (post-) modernen ›anything goes‹-Beliebigkeit dar. Die moderne Philosophie greift an vielen Stellen auf Pindars Mahnung zurück. So trägt etwa Nietzsches epochale wie umstrittene Selbstdarstellung ›Ecce homo‹ aus dem Jahr 1889 den Untertitel ›Wie man wird, was man ist‹, Martin Heidegger zitiert den Spruch in seiner Schrift ›Was ist Metaphysik‹ aus dem Jahr 1929 und der französische Existenzialismus greift Pindars Grundgedanken in seiner Konzeption einer anzustrebenden maximalen menschlichen Authentizität wieder auf (▶ Kap. 2.3, 9.3 und 18.1). Die prominente Jung-Schülerin und -Vertraute Jolande Jacobi (1890–1973) wies in der ersten deutschsprachigen Monographie zur Individuationsidee (1971) ebenso darauf hin, dass in der europäischen Geistesgeschichte bereits viele Gedanken von Jungs Individuationsvorstellungen vorweggenommen wurden.

Bei nicht wenigen zeitgenössischen Autoren der Soziologie und Philosophie finden sich zu Recht skeptische Gedanken zu einem zum postmodernen Leistungszwang verkommen ›Werde, der du bist‹. Zu nennen ist hier v. a. Alain Ehrenberg (2008), der v. a die Depression in der Folge dieses Zwanges sieht, sowie Byung Chul Han (2015) und seine Rede von der »Last des spätmodernen Imperativs« […] man »selbst sein zu müssen« (S. 50). Dass diese einleuchtenden Gesellschaftsanalysen nicht direkt auf den Individuationsbegriff der Analytischen Psychologie anwendbar sein können, wird spätestens dann klar, wenn wir den damit gemeinten Prozess u. a. als Ausdruck von Spontaneität und Folge eines ›Tuns im Nicht-Tun‹ beschreiben (vgl. v. a. Kap. 19).

Zusammenfassend hat das individuationsbestimmende ›Werde, der/die du bist‹ also mehrere für die Entwicklung einer psychologischen Theorie – und als solche wird das Individuationskonzept hier verstanden – relevante Implikationen. Die Aufforderung ›Werde, der/die du bist‹ beinhaltet

- Es gibt jemanden, der/die man im tiefsten Innern ist.
- Wer man (eigentlich) ist, ist nicht beliebig.
- Es gibt eine ›Uneigentlichkeit‹ (Unechtheit, Unauthentizität, ›falsches Selbst‹).
- Man kann erkennen, wer man (eigentlich) ist.
- Es ist nötig, sich in diese Richtung zu entwickeln.
- Es ist möglich, sich in diese Richtung zu entwickeln.

In psychologischer Sprache ist hier oft die Idee eines ›Wahren Selbst‹ oder eines unverfälschten Selbstkerns (▶ Kap. 11) gemeint, der sich vom bewusst gelebten und erfahrenen Ich unterscheidet und der zudem jeden Einzelnen von allen anderen unterscheidet und konkret und einzigartig macht. Das Individuationskonzept Jungs erhebt den Anspruch, einen Weg aufzeigen zu können zu einer solchen Eigentlichkeit, zu einem ›Wahren Selbst‹ (ein Begriff, der in jungianischen Zusammenhängen weiter gefasst wird als in der populären Sicht des Psychoanalytikers und Zeitgenossen Jungs D. W. Winnicott (1886–1971)). Hier kommt also die Bedeutung des alten, spätestens seit Aristoteles die Philosophiegeschichte begleitenden und auch von Arthur Schopenhauer (1788–1860) wieder aufgegriffenen *principium individuationis* zum Tragen. Es geht um die Frage, wie der/das Einzelne zustande kommen kann, um die Art und Weise der Unterscheidung der Dinge voneinander, die diese dann als einmalig definiert, die in

## 2.1 Erste Entwicklungen des Individuationsgedankens

der Scholastik des Mittelalters dann zu komplexen systematischen Überlegungen führte. Schopenhauer, der auf Jung erheblichen Einfluss ausübte, kritisiert kurz gesagt die in der Philosophie vorherrschende Konzeption der Individuation als Entwicklung von Einzelwesen aus einer Grundgesamtheit und weist, entsprechend seiner Affinität zur indischen Philosophie, auf die notwendige Erkenntnis der der Vielheit immer zugrundeliegenden Einheit hin (Schopenhauer 1918). Das »Werde, die/der du bist« würde so auch zu einer Erkenntnis der Zugehörigkeit, zu einer allumfassenden Ganzheit (ein Begriff, der im vorliegenden Buch immer als Potenzialität verstanden werden will).

Die theologische Diskussion geht in diesem Zusammenhang aus vom »unverfälschten und unversehrten Bild […], das Gott sich von jedem von uns gemacht hat« (Grün 2014, S. 33) und dem wir nahekommen sollten. Dieses Bild ist immer einzigartig und kann nicht durch Imitation erreicht werden. So auch Jung, wenn er meint, bei der Individuation handelt es sich nicht um eine Art »einer gesuchten Besonderheit, sondern einer Besonderheit, die a priori schon in der Anlage begründet ist« (Jung 1921 GW Bd. VI, § 747).

Der französische Philosoph Jean Paul Sartre (1905–1980) kam in einigen seiner existenzialistischen Grundaussagen dem Jung'schen Individuationsdenken in Teilen recht nahe (Vogel 2013), war aber durchaus skeptisch in Bezug auf das ›Werde, der/die du bist‹, da man nur der werden könne, der man noch nicht ist… (Thomä 2016). Der postmodernen Hinterfragung folgend, sind heute auch viele Psychotherapeuten und analytische Psychologen zurückhaltend bzgl. eines Individuationsbegriffes, der so etwas wie Bestimmung, ein vorgegebenes Schicksal, ein steuerndes Selbst annimmt (Jung 1934, GW Bd. 17, § 300), auch wenn dieses Ganzheitsziel, wie hier vertreten, lediglich als Möglichkeitsraum im Menschen schlummert. Die vielgenannte ›postmoderne Beliebigkeit‹ und die Idee des intersubjektiv gebildeten, multidimensionalen und multioptionalen Selbst vertragen sich nicht mit der von Jung aus der Antike abgeleiteten Individuationskonzeption: »Die in der modernen Psychologie des Selbst klar dominierende Gegenmeinung besagt, dass es dieses ›Werde, der du bist‹ gar nicht gibt, sondern dass es sich dabei um ein Narrativ handelt, das dazu diene, der subjektiven Biographie innere Plausibilität einzuhauchen und sie dadurch erst aushaltbar zu machen. Es bilde sich, so das moderne Verständnis, aus einem Verlangen nach Selbstkohärenz und diene der Abwehr drohender Desintegriertheit« (Wolf 2016, S. 166).

Es ist nun wichtig, bereits hier im Eingangskapitel zu betonen, dass dieser modernen, vorherrschenden Sichtweise auf das Selbst und seine Individuation in diesem Buch nicht gefolgt wird. Wie so oft ist das an den antiken philosophischen Vorbildern ausgerichtete Denken der Analytischen Psychologie auch hier gesellschafts- und kulturkritisch zu nutzen. »Es macht schließlich einen nicht unerheblichen Unterschied, ob wir uns, sofern wir hierüber aufgeklärt sind, im Leben von einem provisorischen ›Narrativ‹ geleitet fühlen, an dem wir fortwährend herum redigieren oder von einem unhintergehbaren ›inneren Bestimmtsein‹« (ebd., S. 167).

Es ist hier allerdings nicht der Ort, die verschiedenen und weitgefächerten philosophischen bzw. theologischen Rezeptionen und Weiterentwicklungen des individuationsleitenden ›Werde, der/die du bist‹ darzustellen. Vielmehr soll das bisher Gesagte genügen, nachzuweisen, dass wir es bei dem Individuationsgedanken mit einer grundlegenden, in der abendländischen Philosophie und Geistesgeschichte tief verankerten Idee zu tun haben, wir also einmal mehr ›klinische Philosophie‹ (Yalom 2005, S. 45) betreiben, wenn wir uns vonseiten der Tiefenpsychologie und seiner psychotherapeutischen Anwendungen her damit befassen.

Das ›Werde, der/die du bist‹ –Prinzip, im Englischen schön als ›becoming the person you are meant to be‹ ausgedrückt, ist in der psychotherapeutischen Literatur, i. e. S. spätestens nach dem Aufkommen humanistischer Therapieverfahren, fast schon altmodisch-abgegriffen, enthält aber, wie wir sehen werden, trotzdem einiges an psychotherapeutischer Brisanz. Bevor wir uns Jungs Vorstellungen im Einzelnen zuwenden, soll in den folgenden Kapiteln überblicksweise die Nutzung und der Stellenwert des Individuationsbegriffes in den anderen therapeutischen Schulrichtungen dargestellt werden, wobei innerhalb der Verhaltenstherapie der Individuationsgedanke quasi nicht relevant zu sein scheint.

## 2.2 Der Individuationsbegriff in der Psychoanalyse Freud'scher Tradition

In der wissenschaftlichen Community in der Nachfolge Freuds taucht der Individuationsbegriff, teilweise durchaus an herausragender Stelle, immer wieder auf. Hier meint Individuation allerdings etwas recht Anderes als das mit Rekurs auf Jung bisher aus der Philosophie Hergeleitete, auch wenn durchaus einige Bedeutungsüberschneidungen zu finden sind. Der Begriff wird vorwiegend aus der Entwicklungspsychologie der ungarischen Psychoanalytikerin Margaret Mahler (1897–1985) abgeleitet und bezeichnet eine normale Entwicklungsphase des Kleinkindes, die sog. ›Loslösungs- und Individuationsphase‹. Diese ist wiederum in verschiedene Sub-Phasen aufgeteilt, in deren Durchlauf sich das Kind von der Mutter zu unterscheiden lernt (Mahler u. a. 1980/2008). Es geht um den Aufbau innerer Grenzen zwischen dem eigenen Selbst und dem der anderen, zunächst dem der Mutter, um die Entwicklung autonomer kognitiver Funktionen sowie einer beginnenden Objektkonstanz, d. h. einer fühlbaren Gewissheit um den anderen auch bei dessen physischer Abwesenheit (Mahler u. a. 2008). Man könnte sagen, diese Individuationstheorie beschreibt die Entwicklung der Basiskompetenzen der Jung'schen Individuationsbemühungen; das, was der Entwicklung in Richtung eines ›Werde, der/die du bist‹ im Jung'schen Sinne vorauszugehen hat.

> *Herr Z. berichtet in der Schilderung seiner Kindheit, seine Mutter habe ihn als äußerst ›aufmüpfiges‹ Kind erlebt. Schon als kleines Kind habe er immer von ihr wegkrabbeln wollen, was sie nicht dulden wollte. Auch Versteckspiele, die der Junge immer wieder eingefordert habe, habe sie nicht spielen wollen, da sie durch eine längere Abwesenheit des Kindes aus ihrem Blickbereich gleich Angst bekommen habe. Das habe, so Herr Z., dazu geführt, dass er das Alleinsein ›hasse‹ und rasch in Gefühle der Einsamkeit und Verlorenheit gerate.*

Die Individuationstheorie Jungs ist selbstverständlich auch ein entwicklungspsychologischer Ansatz. In erster Linie ist es aber eine Entwicklungspsychologie des wenigstens bis zu einem Grad sich selbstbewussten und über sich selbst reflexionsfähigen Menschen. Sie bedarf der Ergänzung durch Theorien der (frühen) Kindheit, wie sie im Bereich der analytischen Psychologie v. a. von Jungs bedeutendem Schüler Erich Neumann (1905–1960) entwickelt wurden, heute aber in erster Linie aus der Säuglingsbeobachtung und Bindungsforschung hervorgehen (▶ Kap. 9).

Die psychoanalytische Tradition verortet ihren Individuationsbegriff, der mit der Umschreibung als »Aufbau individualisierter, wunschbestimmter Selbstimagines« auch eng assoziiert ist mit dem Begriff der Identitätsentwicklung, im Umkreis von Identifikation, Internalisierung oder Introjektion (Müller-Pozzi 1985, S. 882 ff). Identität entsteht (auch) in zumindest partieller Übernahme innerer Anteile des Anderen. Dies geschieht in erster Linie durch eine dosierte Erfahrung von Verlusten. Das Vertrauen auf einen entwicklungssteuernden und -bedingenden Seelenkern, auf den in sich der/die Einzelne hin ›individuiert‹, fehlt in der klassischen Psychoanalyse und ihren Nachfolgern weitgehend.

Der deutsch-amerikanische Entwicklungspsychologe und Psychoanalytiker Erik H. Erikson (1902–1994) verwendete zwar den Individuationsbegriff nicht für die Bezeichnung einer seiner bekannten Entwicklungsphasen. Allerdings kam er mit dem Begriff der (Ich-) Integrität, der er in der achten und letzten Entwicklungsphase (reifes Erwachsenenalter) im Falle des Misslingens die Verzweiflung entgegensetzte und die quasi das Endziel der psychischen Entwicklung des Menschen ist, dem Jung'schen Individuationsgedanken sehr nahe (Erikson 1973). Integrität benutzte Erikson durchaus in sozialphilosophischem Sinne als eine anzustrebende maximale Übereinstimmung zwischen dem eigenen Handeln und den inneren Werten und Vorstellungen. Die Aufforderung des ›Werde, der du bist‹ ist somit ein Aufruf zur Entwicklung von Integrität.

In jüngerer Zeit erlebte der Individuationsbegriff eine Renaissance durch die Aufnahme eines sog. ›Individuations-Abhängigkeits-Konfliktes‹ in den Katalog der intrapsychischen Grundkonflikte der dritten Achse der OPD-2 (Operationalisierte Psychodynamische Diagnostik). Individuation meint hier eine kognitiv-emotionale Autonomie bis hin zum Extrem des Einzelgängertums und der Bindungsschwäche (Arbeitskreis OPD 2009). Checklisten versuchen, die im OPD angeführten Konflikttypen und ihre Ausprägungen einzugrenzen und vom Diagnostiker unabhängig einschätzbar zu machen (vgl. z. B. Schneider und Freyberger 2000).

Nehmen wir Alfred Adlers Individualpsychologie ausdrücklich aus, dann dürfte hier bereits deutlich geworden sein: Der im klassisch-psychoanalytischen Zusammenhang verwendete Individuationsbegriff ist größtenteils konservativ-entwicklungspsychologisch formuliert und damit sehr unterschieden von dem der Analytischen Psychologie.

## 2.3 Die Individuationsidee in den humanistischen therapeutischen Denkrichtungen

»Ohne den Individuationsprozess, das Werden der Persönlichkeit, ist kein höheres Leben.«
H. Hesse (2008, S. 18)

Den Blick auf den Menschen als ein Wesen im Werden mit einer zielgeleiteten Ausrichtung und einem Drang zur Entwicklung finden wir nicht nur in der Analytischen Psychologie Jungs, auch wenn sie von ihm wohl am elaboriertesten formuliert wurde und im Vergleich zu anderen philosophisch-therapeutischen Denksystemen bei ihm die wohl zentralste Stellung einnimmt. Diese Aussage gilt wohl mit Ausnahme der deutschen Entwicklungspsychologin und ›Gründungsmutter‹ der humanistischen Psychologie Charlotte Bühler (1893–1974) und des von ihr stark inspirierten amerikanischen Psychologen Carl Rogers (1902–1987), der als zentrale Grundlage der von ihm entwickelten ›nondirektiven‹ bzw. ›personenzentrierten Gesprächstherapie‹ die sog. ›Selbstaktualisierungstendenz‹ formulierte. Ähnlich wie Jung sah er den Menschen von Geburt an als ›nach vorwärts‹ in Richtung Selbstverwirklichung, Autonomie und Kongruenz (Echtheit) strebend, und ähnlich wie Jung formulierte er seine Entwicklungspsychologie und seine therapeutische Prozesstheorie in Metaphern des Wachstums. Zudem schrieb er nicht nur dem Einzelwesen diese

Zielgerichtetheit zu, sondern er postulierte eine »formative Tendenz«, die er »auf allen Ebenen« zu erkennen glaubte (Rogers 1981, S. 75).

Auch Viktor Frankls (1905–1997) Logotherapie bzw. Existenzanalyse weist deutlich ›Spuren‹ eines Individuationsgedankens auf – hier jedoch, gemäß der grundlegenden Schwerpunktsetzung Frankls, stark bezogen auf den Sinnbegriff, auf den er den Menschen suchend hin ausgerichtet sieht. Er verweist diesbezüglich auf den »grundlegenden anthropologischen Tatbestand, dass Mensch sein immer über sich selbst hinaus auf etwas verweist, das nicht wieder er selber ist« (Frankl 1997, S. 201). Er spricht von »Selbsttranszendenz, also davon, dass der Mensch immer ›über sich hinauslangt« (1986, S. 2). Formulierungen, die so auch von Jung stammen könnten.

Nicht ganz so eindeutig, aber durchaus auch auffindbar, ist die Individuationsidee in der Gestalttherapie von Fritz Perls (1893–1970; Maragkos 2017). Auch bei ihm finden wir den Wachstumsbegriff als Ziel der Therapie, ein Vertrauen auf einen von innen gelenkten Entwicklungsprozess des Menschen und eine »organismische Selbstregulation«, die sich in »spontanen Prioritäten« zu äußern vermag (Perls u. a. 1951, S. 60). Die Gestalttherapie bezieht sich konsequenterweise grundlegend auf die Prozesshaftigkeit allen Lebens (Polster und Polster 1995). Der heute wohl bekannteste Gestalttherapeut und Autor Jorge Bucay fasste die angestrebte Entwicklung, sehr jungianisch, folgendermaßen zusammen: »Manche bezeichnen es als ›Selbstverwirklichung‹, andere als ›ganzheitliches Bewusstsein‹ oder ›Gewahrwerdungsprozess‹, für einige kommt es dem Zustand der Erleuchtung oder spiritueller Ekstase nahe, für ein paar wenige bedeutet es, inneren Frieden zu finden, und andere nennen es einfach Erfüllung« (Bucay 2015, S. 8).

Betrachten wir abschließend zu diesem Kapitel die philosophischen Wurzeln der drei bisher genannten Psychotherapie-Gründungsväter, dann stoßen wir bei allen gemeinsam auf nicht unerhebliche existenzialistische Einflussfaktoren. Dies kann nicht überraschen, findet man doch von Sören Kierkegaard über Jean Paul Sartre bis zu Martin Heidegger immer wieder Anklänge an das genannte ›Werde, der/die du bist‹, mehr oder weniger deutlich oder verklausuliert. Gerade letzterer formulierte mit seinem »Sein zum Tode (als) ein Vorlaufen in die Möglichkeit« (1979, S. 253) und seiner Aufforderung, das Leben vom Ende her zu denken und damit eigentlich zu werden, nah an Jung'schen Ideen. Er benutzte sogar den bei Jung so zentralen Ganzheitsbegriff (▶ Kap. 4), wenn auch bei genauer Betrachtung in seiner Gleichsetzung mit der Sorge und seiner Verbindung mit der Angst in doch unterschiedlicher Nuancierung.

Die auf den Ideen der Existenzialisten fußende ›Existenzielle Psychotherapie‹ (Yalom 2010) macht nun solche grundlegenden Konzepte psychotherapeutisch handhabbar (Vogel 2013) und formuliert eine deutlich auf das Prozesshafte des Lebens und auf den Prozess der Psychotherapie ausgerichtete Behandlungslehre, ja letzterer wird als das »magische Amulett des Therapeuten« (Yalom 1998, S. 67) als entscheidend betrachtet.

Bei dieser nur überblicksartigen Auflistung wird, auch unter Berücksichtigung der in Kap. 2.2. dargestellten Individuationsbegrifflichkeiten der klassischen Psychoanalyse, deutlich, dass die zentrale Stellung des Individuationskonzeptes in der Analytischen Psychologie zumindest in wesentlichen Teilbereichen diese eher entfernter von der Psychoanalyse und eher näher an der sog. ›Humanistischen Psychologie/Psychotherapie‹ verortet. Diese These wird auch dadurch unterstützt, dass der Einfluss jungianischer Konzepte auf humanistisch ausgerichtete Psychotherapie-Autoren um einiges deutlicher nachzuweisen ist, als dies bei psychoanalytischen Denkern der Fall zu sein scheint.

# 3 Der Individuationsbegriff bei C. G. Jung

»*In Wirklichkeit würde unter Menschen, die selbständig ihrem inneren Gesetz und Sinn folgen, das Leben reicher und höher gedeihen*«
H. Hesse (2016, S. 20)

C. G. Jung verstand, wie in der Einleitung bereits beschrieben, den Individuationsgedanken, also die herausragende Betrachtung der seelischen *Werdens*vorgänge, als das zentrale Konzept seiner Psychologie, in das – das wird sich im Verlauf dieser Schrift zeigen – sämtliche ›Essentials‹ einfließen und aus dem heraus diese wiederum weiterentwickelt werden. Sein bedeutsamer Schüler C.A. Meyer meinte gar, er müsse »das Verständnis der Jung'schen Psychologie bei solchen, die nicht gleicher Meinung sind […], dass Jungs wichtigster Beitrag zur Psychologie die Entdeckung des Individuationsprozesses war […], ernsthaft bezweifeln« (Meier 1980, S. 189) und auch zahlreiche moderne jungianische Autoren stellen den Individuationsgedanken ins Zentrum der Theorie der Analytischen Psychologie (z. B. Kast 2014). C. G Jung übernahm den Individuationsbegriff aus seiner Lektüre Schopenhauers (Jung 1933, GW Bd. 7, § 266) und benutzte ihn erstmals 1921 in seinem monumentalen, seine damalige Psychologie zusammenfassenden Werk ›Psychologische Typen‹. Jedoch bereits in Jungs kryptischem Bildwerk, dem Roten Buch (s. u.), namentlich in den *septem sermones ad mortuos*, taucht der schon von Schopenhauer als Hinweis auf eine Einheit in der erscheinenden Vielheit der Dinge verwendete Terminus des *principum individuationis* auf und meint hier v. a. die Fähigkeit zur Differenzierung und zum Sich-Unterscheiden als unerlässliche Voraussetzung für seelische Gesundheit (Weyerstraß 2015). Es war jedoch wohl historisch gesehen nicht Jung selbst, sondern seine bedeutende Schülerin Jolande Jacobi, die als erste vorschlug, den Terminus ›Individuation‹, der wissenschaftlich zuvor

v. a. innerhalb der Biologie genutzt wurde, auch auf den Bereich der psychischen Entwicklung des Menschen anzuwenden (Braun 2004). Jung stand Operationalisierungsversuchen tiefenpsychologischer Begriffe immer skeptisch gegenüber, und wenn er ein und denselben Begriff an verschiedenen Stellen unterschiedlich definierte, so war das für ihn kein Manko, sondern der Tatsache der Bedeutungsbreite, heute würde man auch sagen, der Opazität solcher Begrifflichkeiten geschuldet (opak, ›undurchsichtig‹, ist ein Begriff dann, wenn er durch eine Definition nie erschöpfend erfasst werden kann, sondern immer ein Bedeutungsrest verbleibt). Dass dieser Verzicht auf eine standardisierte Bedeutungsfestlegung nicht zwangsläufig zu einer mangelnden Wissenschaftlichkeit der Analytischen Psychologie führt, sondern diese lediglich von positivistischen, mathematisch-naturwissenschaftlichen Ansätzen abhebt, wurde an anderem Ort ausführlich dargestellt (Roesler 2009, Vogel 2012a). An einer Stelle seines Werkes allerdings bemühte sich Jung um so etwas wie eine, wenn auch durchaus relativierte, Begriffsklärung, wenn er 1921 an eines seiner Hauptwerke, die ›Psychologischen Typen‹ (GW Bd. 11) ein Kapitel ›Definitionen‹ anhängte. Noch 1960, also ein Jahr vor seinem Tod, überarbeitete er dieses Kapitel erneut, was die Bedeutsamkeit dieser Ausführungen für ihn unterstreicht. Wir wollen den hier angeführten Individuationsbegriff als Ausgangspunkt nutzen, da hier ein großer Teil der für Jung zu dem Begriff gehörenden Grundannahmen aufgeführt ist. Es sind dies:

1. »Individuation ist allgemein der Vorgang der Bildung und Besonderung von Einzelwesen, […] ein Differenzierungsprozess, der die Entwicklung der individuellen Persönlichkeit zum Ziele hat.« (Jung 1933, GW Bd. 7, § 743)

Diesen Punkt betonte Jung an vielen Stellen: Individuation meint das, was v. a. in dem verwandten, in der Sozialwissenschaft häufig gebrauchten Begriff der Individualisierung zu finden ist: Es geht um die Verwirklichung des je Eigenen, Einzigartigen, von allen anderen Unterschiedenen: »Individuation bedeutet: zum Einzelwesen werden, und, insofern wir unter Individualität unsere innerste, letzte und unvergleichbare Einzigartigkeit verstehen, zum *eigenen Selbst* werden. Man könnte ›Individuation‹ darum

auch als ›Verselbstung‹ oder als ›Selbstverwirklichung‹ übersetzen« (ebd., § 266).
Dass Jung damit nicht einen plumpen Individualismus meint, wird weiter unten deutlich werden.

2. »Die Notwendigkeit der Individuation ist […] eine natürliche« (ebd., § 744).

Diese Natürlichkeit meint zweierlei: Zum einen geht es darum, dass der Drang zur Individuation bereits im Physiologischen des Menschen zu finden ist, es sich also auch um ein körperliches Geschehen handelt (Jung beschreibt diesen Individuations-›Trieb‹ sehr analog zu Freuds Sexualtrieb oder Adlers Machtstreben). Zum anderen wird die Tatsache bezeichnet, dass wir in das Individuationsgeschehen gestellt sind, dass wir keine Wahl haben, uns nicht zu entwickeln, sondern uns nur entscheiden können, uns den auf dem Individuationsweg gestellten Aufgaben zu stellen oder eben nicht. Energetisch gesprochen ist die Individuation der natürliche Fluss der Libido und dessen Richtung und die in diesem Fließen stattfindende Verwandlung niederer Energieformen in höhere (Jung 1954, GW Bd. 5). Libido im Jung'schen Sinne, das dürfte somit klar werden, ist nicht als Sexual- sondern viel umfassender als psychische Energie an sich, als Lebensenergie verstanden, die zum einen dem Ich zur Verfügung steht, zum andern aber auch eigenen Gesetzen zu folgen in der Lage ist (Jung 1954, GW Bd. 5). Jacobi (1971) unterscheidet in diesem Zusammenhang zwei Individuationsformen, den ›natürlichen‹ Individuationsprozess und den ›künstlichen‹ Prozess, der z. B. in der Psychoanalyse stattfindet, und weist auf die entsprechenden empirischen Ergebnisse der Entwicklungspsychologin Charlotte Bühler (1933) hin, die bis in die heutige Zeit hinein ihre Gültigkeit in großen Teilen behalten haben.

3. »Eine wesentliche Behinderung der Individuation bedeutet daher eine psychische Verkrüppelung« (ebd., § 744).

Die Analytische Psychologie C. G. Jungs beinhaltet mehrere unterschiedliche Störungstheorien, also theoretische Vorstellungen, wie psychische (und auch körperliche) Symptome psychologisch entstehen können (Vogel

2016). Die hier gemeinte Theorie des ›Individuationsstillstandes‹ ist eine davon. Sie entsteht durch eine bewusste oder unbewusste Verweigerung der Annahme der uns gestellten, aber eben nicht unbedingt von uns gewählten Individuationsaufgaben (▶ Kap. 16).

4. »Da das Individuum nicht nur Einzelwesen ist, sondern auch kollektive Beziehung zu seiner Existenz voraussetzt, so führt auch der Prozess der Individuation nicht in die Vereinzelung, sondern in einen intensiveren und allgemeineren Kollektivzusammenhang« (ebd., § 744).

An dieser Stelle wird deutlich, dass Jungs Individuationskonzept untauglich ist für die Begründung egozentrischer oder egoistischer Selbst- oder Weltbilder. Der »intensivere Kollektivzusammenhang« ergibt sich – fast paradoxerweise – aus der Ablösung des Individuums von den gesellschaftlichen Normen. Erst durch die Entwicklung eines eigenen ›Standpunktes‹, einer höchsteigenen Position den Dingen gegenüber, ist eine wirkliche Beziehung zu anderen möglich. Simpel kopierte oder nachgeplapperte Werte und Normen leisten dies nicht, im Gegenteil wird der Einzelne dadurch nicht in Beziehung zum Sozialen gebracht, sondern löst sich in ihm ununterscheidbar auf.

5. »Der psychologische Vorgang der Individuation ist eng verknüpft mit der sogenannten transzendenten Funktion, indem durch diese Funktion die individuellen Entwicklungslinien gegeben werden« (ebd., § 745).

Mit dem in der Theorie der Analytischen Psychologie sehr bedeutsamen Begriff der ›Transzendenten Funktion‹ meint Jung zunächst die Verbindung von Gegensätzen (▶ Kap. 6). Damit sind zuallererst Bewusstes und Unbewusstes gemeint, allerdings besteht nach seiner Auffassung unser seelisches Innenleben durchgehend aus Polaritäten, zwischen denen Verbindung hergestellt und aufrechterhalten werden muss.

6. »Die Individuation fällt zusammen mit der Entwicklung des Bewusstseins aus dem ursprünglichen Identitätszustand« (ebd., § 747).

Dabei meint Jung mit dem Identitätsbegriff ein »unbewusstes Gleichsein mit den Objekten« (Jung 1921, GW Bd. 6, § 741), dem er die Ursache vieler psychischer Störungen zuschreibt. Dem Bewusstsein kommt also eine große Rolle zu, auch wenn es durchaus zweischneidig zu betrachten ist. Auf der einen Seite brauchen wir das Bewusstsein zur Unterscheidung, auch zur Rücknahme der Projektionen (s. u.), andererseits kann das Bewusstsein den Individuationsprozess auch erschweren. Jung spricht an anderer Stelle von einem »Bewusstseinskrampf«, der das Fließenlassen verunmöglichen kann. Die bereits unter Punkt 2 genannte »Natürlichkeit« der Individuation macht zudem deren spontanen Ablauf ganz ohne Beteiligung des Bewusstseins möglich. Sie gehört zu der von Jung postulierten autoregulativen Absicht des Selbst, der »Selbstregulierung der Gesamtpsyche« (Jung 1933, GW Bd. 7, § 275).

Die Entwicklung einer umfassenden Bewusstheit eigener Selbstanteile kann als prominentes Ziel des Individuationsprozesses gesehen werden, ist sie doch die Voraussetzung für verantwortungsvolles und ethisches Handeln. »Es bedeutet, um sich selbst zu wissen und nicht bloß zu registrieren, was man denkt oder glaubt zu sein« (Bucay 2015, S. 77). Der Mensch trägt, so Jung, die Verantwortung dafür, diese Bewusstheit herzustellen, die Individuationsaufgabe erhält so ein moralisches Element (Becker 2014).

## Exkurs: Individuation und das Rote Buch C. G. Jungs

Jungs in den Krisenzeiten der Trennung von Freud begonnenes, kryptisches ›Rotes Buch‹ (*liber novum*; Jung 2009) ist eine ästhetische, anregende und manchmal auch verstörende Darstellung seines inneren Individuationsprozesses als persönlicher Entwicklungsprozess und als (selbst-) therapeutisches Geschehen. Es gilt in weiten Kreisen als nichts weniger als »das Ursprungsdokument für die Entstehungsgeschichte der Analytischen Psychologie« (Weyerstraß 2015, S. 27). Jung arbeitete, wie er auf den letzten Seiten mitteilte, 16 Jahre lang, zwischen 1913 und 1928, an den vorwiegend aus seinen Imaginationen hervorgegangenen Texten und Bildern und er sagte 1957, seine »gesamte spätere Tätigkeit bestand darin, das auszuarbeiten, was in jenen Jahren aus dem Unbewussten aufgebrochen war und mich zunächst überflutete. Es war der Urstoff für ein Lebenswerk« (Jung und Jaffe 2009, S. 222).

Der bedeutende Medizinhistoriker und Kommentator des Roten Buchs Sonu Shamdasani fasst zusammen: »Der Liber Novus stellt den Prototyp des Jung'schen Konzepts der Individuation dar, den er für die universelle Form der individuellen psychologischen Entwicklung hält. Man kann den Liber Novus einerseits als Schilderung von Jungs Individuationsprozess verstehen und andererseits als Ausarbeitung dieses Konzept zu einem allgemeinen psychologischen Schema« (2009, S. 209).

Neben den persönlichen, biographiegeschichtlich auf Jung selbst ausgerichteten Implikationen des Buches zeigt sich hier also v. a. die archetypische Natur des Individuationsgeschehens (▶ Kap. 7) und darin an prominenter Stelle die notwendige Auseinandersetzung mit dem Schatten und dessen persönlichen, kulturellen und eben archetypischen Schichten: »It is here, in the shadow of Jung's own ›dark heart‹ that the persona bleedes into the transpersonal and vice versa« (Odoriso 2015, S. 72). Der Schattenkonfrontation folgt im Roten Buch die Begegnung mit einer Seelenführerin. Das Problem der Erkenntnis und der anschließenden Vereinigung der Gegensätze ist dabei, wie im gesamten Individuationsverlauf, auch ein grundlegender ›roter Faden‹ des Werkes (Shamdasani 2010).

**Paradox: einzigartig und zugehörig – Narzissmus und Bindung**

Der Individuationsprozess kann nach Jung aufgefasst werden als zyklischer Prozess der Unterscheidung (von kollektiven Normen, v. a. aber von unbewussten Inhalten) und der anschließenden bewussten (Wieder-)Annäherung an dieselben mit dem Ziel, dadurch so etwas wie ›Vollständigkeit‹, Authentizität, zu erreichen. Jung teilte den Prozess anhand seiner eigenen Erfahrungen in aufeinanderfolgende Phasen auf, die von zeitgenössischen Jungianern jedoch nicht mehr in einem festgelegten chronologischen Ablauf, sondern in wechselnder und sich auf verschiedenen Ebenen immer wiederholender Manier als unsere Lebensaufgaben bestimmend gesehen werden (▶ Kap. 8). Im Individuationskonzept wird die der Jung'schen Begriffswelt weitgehend eigenen und durchaus gewollten

Paradoxie vieler Termini deutlich: Individuation meint den *gleichzeitigen* Prozess der Trennung von und Einigung mit dem Kollektiven, sei dies nun die menschliche Sozietät oder seien es die kollektiven Bereiche des Unbewussten. »We are separate and together at once. Our separateness is derived from the accidents and circumstances of our particular lives, but our common ground is the archetypal ground« (Lindley 2006, S. V). Von vielen Autoren wird immer wieder auf die Nähe der Analytischen Psychologie zum altchinesischen philosophischen Daoismus hingewiesen und die Paradoxie des Individuationsbegriffes bestätigt dies erneut (z. B. Becker 2014, ▶ Kap. 10): Auch der Zentralbegriff der chinesischen Geistesgeschichte, das Dao, allgemein als ›Der Weg‹ übersetzt, beinhaltet diese Paradoxie, ist das Dao doch sowohl der Weg des Kosmos, des Großen Ganzen, mit dem es sich zu vereinen gilt, und gleichzeitig auch das ›kleine Dao‹, der höchsteigene Weg des Einzelnen, der diese Einheit erst ermöglicht.

In der modernen psychoanalytischen Theorienentwicklung finden wir derzeit zwei Schwerpunktsetzungen, die ebenfalls – zusammengenommen – dieses Paradox ausdrücken. Zum einen versuchen die psychoanalytischen Denker mittels der Narzissmustheorien (Kohut 1976, Kernberg und Hartmann 2010) zu verstehen, wie es zu den in unserer Gesellschaft so häufig zu beobachtenden Grandiositäts- und Einzigartigkeitserlebnissen vieler Menschen kommt, ja wie die enorme Sehnsucht herzuleiten ist, die manch einen buchstäblich ›über Leichen‹ gehen lässt, um seine Einzigartigkeit und die Integrität des persönlichen Egos zu schützen oder wieder aufzurichten (Schmidbauer 2003). Andererseits befasst sich die Bindungstheorie mit dem menschlichen Grundbedürfnis nach Verbundenheit, nach Einheit, Harmonie und Nähe zum anderen (Bowlby 2014). Diese beiden praktisch hoch relevanten, primär aber in zwei heterogene Richtungen weisenden Theorien weisen dennoch viele Verknüpfungen und Überschneidungen auf. Das Individuationskonzept Jungs kann hier als ein übergeordnetes begriffstheoretisches ›Dach‹ dienen, das beide Denkrichtungen zu vereinen vermag, ja man könnte behaupten, Bindungs- und Narzissmustheorien könnten als Spezifikationen des paradoxen Zentralgedankens des Individuationskonzeptes angesehen werden, nämlich das dem Menschen zugrundeliegende paradoxe Streben nach Einheit und Unterschiedenheit, nach Gleichheit und Individualität.

## 4    Individuation und Finalität

»*Denn wir haben hier keine bleibende Stadt, sondern die zukünftige suchen wir*«
(Hebräer 13,14)

Unsere gesamte abendländische Kultur und mit ihr der Großteil unseres psychotherapeutischen theoretischen Wissens und praktischen Repertoires ist, mehr oder weniger transparent, durchdrungen von der Idee der Kausalität als Prinzip der festgelegten Abfolge von Ursache und Wirkung. Die Frage nach der Kausalität, nach dem Woher, dem Grund oder dem Anlass einer Gegebenheit verspricht deren Verständnis. Sie ist das Fundament des abendländischen Wissenserwerbs und die Voraussetzung für den Siegeszug der modernen Naturwissenschaften. Aber sie hat auch ihre deutlichen Grenzen und Einschränkungen. In der Physik werden diese von Chaostheorie und Quantenmechanik formuliert, in der neuzeitliche Philosophie finden wir spätestens bei dem englischen Aufklärer und Empiristen David Hume (1711–1776) Zweifel an ihrer Allgemeingültigkeit. Zudem transportiert die Kausalitätstheorie mit ihrem Bemühen um das Aufstellen von logischen Kausalketten die Idee eines nach hinten gesehen linearen Ablaufs der Zeit, wie er in den erinnerten Rückblicken der Menschen auf psychologischem Gebiete nur schwer anwendbar ist.

*Bei Herrn Z.'s Erzählung seiner Lebensgeschichte fiel nicht nur auf, dass einzelne Lebenszeiten, bis hin zu Lebensjahren, gar nicht vorkamen, sondern dass die subjektiv erlebte Zeitdauer einzelner Episoden bei genauer Nachrechnung so nicht tatsächlich gewesen sein konnte. So erinnert Herr Z. einen Urlaub mit seinen Eltern, als er ca. sieben Jahre alt war. Damals sei er über beide Urlaubswochen von seinen Eltern jeden Abend alleine im Zimmer der Frühstückspension zurückgelassen*

## 4 Individuation und Finalität

*worden und habe dort viele Stunden der Angst verbracht. Diese, in Jung'scher Terminologie als ›Komplexepisoden‹ bezeichneten szenischen Erinnerungen können, so die spätere Aufklärung, so nicht stattgefunden haben, da, wie Herr Z. auch später von seiner älteren Schwester erfuhr, die Familie nie länger als drei Tage Urlaub gemacht habe. Wir verstanden diesen Erinnerungsfehler als Zeichen für die enorme Bedeutsamkeit des Verlassenwerden-Motivs in der Biographie von Herrn Z.*

Natürlich soll hier dem Denken in Kausalitäten nicht die Berechtigung abgesprochen werden, denn: »Um nicht nur von Tag zu Tag in die Zukunft hineinzustolpern, sondern die Zukunft als etwas zu erleben, dem wir mit einem selbstbestimmten Entwurf begegnen, brauchen wir ein Bild von dem, was wir sind und was wir werden wollen – ein Bild, das in einem stimmigen Zusammenhang mit der Vergangenheit stehen muss, wie wir sie uns erzählen« (Bieri 2011, S. 23). Die Vorherrschaft dieser Denkweise auch in seelischen Zusammenhängen wird von Jung allerdings in Abrede gestellt. Die Analytische Psychologie steht damit nicht allein da. Sie kann sich auf ihre Wurzeln in der Mystik beziehen (man denke an Meister Eckards (1260–1328) ›sunder warumbe‹ – ›ohne warum‹, aber auch an Philosophen wie Martin Heidegger (2006) oder Peter Sloterdijk (2008)), die den Menschen auch – wenn nicht vorwiegend – nach vorne ausgerichtet sehen.

Die Idee der ganz grundsätzlichen Zielgerichtetheit des Menschen, der Finalität also, die dem Kausalitätsprinzip als mindestens ebenbürtig zu betrachten ist, ist zwar ebenso verankert in der abendländischen Geistestradition, hat aber im modernen wissenschaftlichen Diskurs kaum Bedeutung. Alfred Adlers Konzept der Teleologie, der Zweckgerichtetheit psychischer Manifestation folgend, dieses aber entscheidend weiterentwickelnd, beschrieb C. G. Jung den Gedanken der Zielgerichtetheit des menschlichen Werdens mit dem Begriff der Finalität (lat. *finis*, das Ziel). Bereits 1912 sah er die Entwicklung der menschlichen Lebensenergie als generell zielgerichtet (Jung 1954, 4. Aufl., GW Bd. 5) und entwickelte fortwährend diese Grundlage seines Welt- und Menschenbilds voran. Jung unterschied mechanische, d.h. rein kausale von energetischen, d.h. zielgerichteten Geschehnissen (1948, GW Bd. 8) und stellte fest: »Der Mensch ist nur halb verstanden, wenn man weiß, woraus alles bei ihm entstanden ist. Wenn es nur daran läge, so könnte er ebenso gut schon längst gestorben sein. Als Lebender ist er aber nicht begriffen; denn das Leben hat nicht nur ein Gestern, und es ist nicht erklärt, wenn das Heute auf das Gestern reduziert wird. Das Leben hat auch ein Morgen, und das Heute ist nur dann verstanden, wenn wir zu unserer Kenntnis dessen, was Gestern war, noch die Ansätze des Morgen hinzufügen können. Das gilt von allen psychologischen Lebensäußerungen, selbst von den krankhaften Symptomen« (1933, GW Bd. 7, § 67). Die »Ursache« – wenn dieser Begriff denn hier überhaupt gebraucht werden soll - eines Geschehens wird in dieser Sichtweise in der Zeit voraus, eben im Ziel, auf das dieses Geschehen hinläuft, gesehen, zur großen Frage der Philosophie nach dem Warum? kommen die Fragen nach dem Wohin? und Wozu?. In diesem Zusammenhang ist auch die von dem zeitgenössischen Philosophen Dieter Thomä (2007) unternommene Unterscheidung zwischen deontologischen (auf ein Sollen hin ausgerichtete) und teleologischen (auf ein Wollen hin ausgerichtete) Lebenskonzepten relevant. Inwieweit also ist unsere Zielausrichtung wirklich von uns so gewollt, oder sind wir auf diese Bahn wie auch immer gesetzt? Bzgl. der therapeutischen ›Anwendung‹ des Finalitätsgedankens ist dies eine im Kontakt mit dem Patienten immer wieder auftauchende Frage, die wohl immer nur situativ und vorläufig beantwortet werden kann.

Der Zielbegriff impliziert wie die gesamte Philosophie der Individuation eine dem Menschen innewohnende Schicksalsmacht. Der Schicksalsbegriff ist ein in der modernen Psychotherapie zu sehr vernachlässigter Gedanke mit erheblicher praktisch-therapeutischer Relevanz (Vogel 2014). Der antike, etwa bei Heraklit oder Platon zu findende Schicksalsgott, der *daimon*, teilt bei der Geburt das individuelle Schicksal zu, dem der Mensch dann, in durchaus persönlicher Manier, zu folgen hat (vgl. Wolf 2016). Im Rahmen einer Individuationspsychologie folgen wir mit Rilke der (psychologisierenden) Ansicht, »dass das, was wir Schicksal nennen, aus den Menschen heraustritt, nicht von außen her in sie hinein« (2013, S. 129).

*Herrn Z. fiel es zunächst erwartungsgemäß sehr schwer, in seiner todbringenden Krankheit etwas Zielgerichtetes zu erblicken. Zunächst suchte er, manchmal an den Haaren herbeigezogen, nach kausalen Erklärungsmustern: Hatte er zu viel Alkohol getrunken? Hatte er sich zu viel Stress zugemutet? Hatte er irgendeine moralische Schuld auf sich geladen, die er nun abzubüßen hatte? Diese Fragen hatten oft etwas Selbstquälerisches und führten nicht selten in depressive Stimmungslagen. Erst langsam wurde deutlich, dass die erzwungene Auseinandersetzung mit seiner körperlichen Gesundheit einen nach vorne ausgerichteten Veränderungsimpetus in sich barg. Er musste sich nun wichtiger nehmen und seine Bedürfnisse zumindest zeitweise über die Bedürfnisse anderer stellen, musste Signale seines Körpers besser wahrnehmen. Und er ›musste‹ sich mit der Sinnfrage auseinandersetzen, dem Sinn seines bisherigen und zukünftigen Lebens und seines Leidens.*

Das Individuationsziel, also das, wonach sich die Finalität ausrichtet, wird in der Analytischen Psychologie immer wieder mit dem Begriff des Selbst als einer anzustrebenden ›Ganzheit‹ bzw. Vollständigkeit bezeichnet. »This is the individuation-process, and it is predicated on a teleological view of the self in which the self's capacity for change, growth, and development are understood and experienced as being suffused with a sense of purpose and meaning« (Solomon 2007, S. 52). Allerdings ist ›Ganzheit‹ ein Begriff, der von vielen Jungianern ob seiner Ideologieverdächtigkeit und auch Beliebigkeit kritisiert wurde. Die Jung-Vertraute Barbara Hannah (1891–1986) wies darauf hin, dass Jung »die Qualität der Ganzheit« (»quality of wholeness«) als Individuationsprozess bezeichnete (1974). Ganzheitsentwicklung meint eine Vereinigung mit bisher abgespaltenen Selbstanteilen, also in streng psychoanalytischer Terminologie, die Entwicklung zu einer stärkeren Kohärenz des Selbst (etwa im Kohut'schen Sinne). Da Jung in seinem weiteren Selbstbegriff das Ganzheitsziel auch als Archetyp auffasst, kommt es bei ihm auch in die Nähe spiritueller Ziele, etwa als Anschluss an Transzendentes, als die Wahrnehmung, dass das eigene subjektive Selbst sich auch übersteigt und Anteil hat am Großen. Das Selbst als ›Archetyp der Ganzheit‹ ist im hier verstandenen Sinne kein monolithischer Block, sondern entsteht dynamisch und fortwährend aus der Vereinigung der in uns angelegten Bipolaritäten, also Gegensätzlichkeiten. Von philosophischer Seite aus kommt diesem Selbst v. a. Wilhelm Schmid nahe, wenn er, und das wäre ganz im Jung'schen Sinne, Montaigne zitiert: »Alle Widersprüche finden sich in mir« (1992, S. 1023).

»Der Held ist der Günstling nicht der gewordenen Dinge, sondern der werdenden, weil er ist«, schreibt Joseph Campbell (2011, S. 262) und weist damit auf die bereits archetypisch angelegte Bewegung nach vorne auf dem Individuations- (Helden-) Weg hin (▶ Kap. 7.1).

Das (finale) Ziel des Individuationsgeschehens muss, folgen wir Jung, ein jeweils einzigartiges, eben individuelles Ziel sein, das »zwar nie ganz, doch stets annähernd zu verwirklichen« sei (Jung 1999, S. 102) und er gibt Hinweise, wo es zu finden sei: »Ein geistiges Ziel, das über den bloß natürlichen Menschen und seine weltliche Existenz hinausweist, ist unbedingtes Erfordernis für die Gesundheit der Seele…« (Jung 1945, GW Bd. 17, § 159). Das Finalitätsprinzip verweist also in besonderem Maße auf die untrennbar zur Analytischen Psychologie gehörigen »Überzeugung, dass alles Leben eine verborgene Zielgerichtetheit hat. Wir sind damit einem Menschenbild verpflichtet, das den Menschen in einem umfassenden Sinnzusammenhang sieht, zu immer neuer schöpferischer Wandlung aufgerufen« (Kast 2015, S. 11).

# 5 Individuation und die psychischen Grundfunktionen

1921 schrieb Jung, noch unter dem Einfluss der traumatischen Trennung von Freud und wohl auch, um diese intellektuell verarbeiten zu können, sein monumentales Werk über die ›Psychologischen Typen‹. Dessen (v. a. durch den irreführenden Begriff des ›Typus‹) oft missverstandene Grundaussagen wurden durch bedeutende Neuformulierungen (z. B. Rafalski 2011) zu einem in der modernen Analytischen Psychologie wieder an Wichtigkeit gewinnenden Jung'schen Konzept. Jung teilt darin die Energetik und die Struktur der Psyche (in dieser Hinsicht finden wir hier quasi die ›Ich-Psychologie‹ der Analytischen Psychologie) in die beiden sog. Einstellungstypen Extraversion und Introversion und die vier sog. Funktionstypen, die Urteilsfunktionen Denken und Fühlen sowie die sog. wahrnehmenden Funktionen Empfinden und Intuieren, ein. Letztere vier sind jeweils als Polaritäten gedacht und stellen die sog. »Grundfunktionen« (Jung 1921, GW Bd. 6 § 7) dar, die am besten durch ein rechtwinkliges Achsenkreuz darstellbar sind (▶ Abb. 1).

»Das Verständnis des Funktionen-Systems ermöglicht, die Selbstregulationskräfte der Psyche zu erkennen, die in der Ganzheitstendenz des je individuellen Lebensentwurfs wurzeln und als Impulse aus dem Selbst dem antiken Motto entsprechend ›Werde, der du bist‹ wirksam werden. Für die persönliche Entwicklung erschließt ein sorgfältiges Bewusstwerden der Qualität jeder einzelnen Funktion einen wesentlichen Bereich von Selbsterkenntnis und lässt das Ich flexibel werden, indem es dieses aus unbewusster Identität mit nur einer Funktion befreit und ihm ermöglicht, bewusst jede der vier Funktionen zu aktivieren«, so die Stuttgarter Analytikerin und ›Funktionsspezialistin‹ Monika Rafalski in ihrem aktuellen Werk zur Rolle der Funktionstypen in der Individuation (Rafalski 2017). Die Empfindungsfunktion bezieht sich dabei v. a. auf die Wahrnehmungen

## 5 Individuation und die psychischen Grundfunktionen

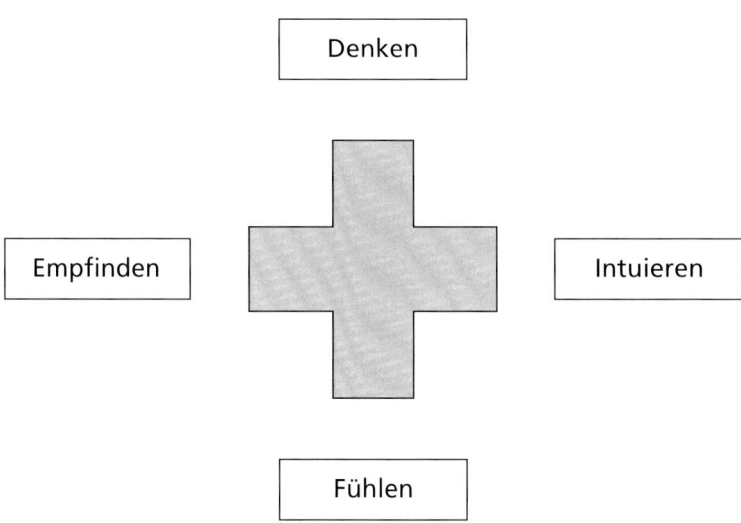

**Abb. 1:** Die Grundfunktionen von Jungs Konzept der ›Psychologischen Typen‹.

durch die konkreten Sinnesorgane (Auge, Ohr, Haut, etc.), beim gegenüberliegenden Intuieren geht es um spontane Einfälle und um Ahnungen, d. h. um »das Subliminale«, um Vergangenheit und Zukunft (Jung 1936, GW Bd. 8 § 257). Auf der Urteilsachse geht es bei der Fühlfunktion tatsächlich um Gefühle i. e. S. (fühlt sich etwas gut oder schlecht an?) und Stimmungen, die gegenüberliegende Denkfunktion als die in unserer Gesellschaft am meisten propagierte Zugangsweise zur Welt sucht Ordnung und Wertung in ›positiv‹ und ›negativ‹. Diese vier Funktionen, deren individuelle Verteilung und Ausgestaltung auf extrovertierte oder introvertierte Weise auch maßgeblich bestimmt, wie wir auf innere und äußere Reize reagieren, machen die Ganzheit der Psyche aus. »In der extravertierten Einstellung fließt die gesamte Libido des Subjekts innerhalb einer Funktion unmittelbar zum Objekt. […] Im extravertierten Modus greift eine Funktion das Objekt schnell auf und kann es auch schnell wieder loslassen, der Kontakt zum Objekt ist relativ frei. Der Betreffende kann sich – umgangssprachlich ausgedrückt – wieder abgrenzen, Inhalte einer solchen Funktion gehen ihm nicht sehr ›unter die Haut‹. Ist eine Funktion dagegen introvertiert eingestellt, ist der Mensch persönlich von den Inhalten betroffen, sie gehen ihm ›unter die Haut‹, ›berühren‹ ihn« (Rafalski 2017).

Bereits C. A. Meyer (1980) wies auf die Bedeutung des Typenkonzeptes für die Jung'sche Individuationsidee hin und setzte sich mit den Auswirkungen etwa identischer oder komplementärer dominierender Funktionstypen bei Analytiker und Patient auseinander. Es würde den Rahmen dieses Buches sprengen, nun diese Konstrukte exakt auszuführen (vgl. dazu Rafalski 2017). Für unseren Zweck soll die individuationsrelevante Anregung genügen, dass wir durch die Bewusstwerdung der eigenen bevorzugten Art (unserer sog. Hauptfunktion, mit der wir mit dem eigenen Innenleben und der Welt um uns herum in Kontakt und in Beziehung treten) auch die persönliche ›Gegenseite‹, also die bisher unterentwickelten, nicht beachteten oder sogar nicht bewussten Aspekte unserer Gesamtpersönlichkeit (der sog. minoren Funktion auf der entgegengesetzten Seite des Achsenkreuzes) kennenlernen und entwickeln. Zur Bewegung in Richtung Ganzheit braucht es also eine sorgsame (Selbst-)Exploration, um zunächst eine Ahnung zu bekommen, welche der Grundfunktionen nun stark, überstark oder evtl. suboptimal entwickelt sind. Individuation meint in diesem Zusammenhang also das Gewahrwerden und evtl. bewusste Ausprobieren ›ganz anderer Seiten‹ der eigenen Persönlichkeit. Es geht also auch hier wie im gesamten Individuationsgeschehen um den Ausgleich von Einseitigkeiten und um das Gewährenlassen der der Psyche innewohnenden Selbstregulationstendenz, die auf diese Einseitigkeiten (etwa in Träumen, in Symptomen oder interaktionellen Problemen) aufmerksam macht und auf Ausgleich drängt.

# 6   Die Vereinigung der Gegensätze

»*Alles, was wir tun, baut darauf auf, dass es widerstreitende Kräfte in uns gibt. Zwischen Traum und Wirklichkeit, zwischen Wissen und Illusion, zwischen Wahrheit und Lüge, zwischen dem, was ich will und dem was ich tue. Und nicht zuletzt zwischen mir selbst und der Gesellschaft, in der ich lebe.*«
Henning Mankell (2015, S. 342)

In den vorhergehenden Kapiteln war immer wieder von Vollständigkeit, vom Ganzheitsbegriff, hervorgehend aus der Vereinigung von Gegensätzen zu lesen. Die Analytische Psychologie geht grundlegend von einer »Gegensatzstruktur der Psyche« (Jacobi 1992, S. 58) aus und der Individuationsprozess ist zu sehen als entwicklungsbezogenes Angebot, diese Gegensätze durch synthetische (verbindende, zusammenfügende) Prozesse (Jacobi 1971) zu überschreiten. »Als Ganzheit zu reagieren ist wohl das Äußerste, was ein Mensch zu tun vermag«, so Verena Kast (2006, S. 34), und autonome kompensatorische Tendenzen, die die »Selbstregulation der Psyche« maßgeblich bestimmen, tragen zu ihrer Ausbildung bei. Diese biologisch-archetypisch angelegte Selbstverwirklichungstendenz der Psyche weist Jung zunächst deutlich als der Romantik zugehörig aus. Eine solche »permanente Aktivität […] in der Psyche, seelisches Material neu zu ordnen, [die] selbstorganisatorisch stattfindet, keinesfalls nur angeregt durch Psychotherapie« (Plassmann 2013, S. 131) ist jedoch inzwischen nicht mehr nur jungianisches, von manchen vielleicht immer noch als gar zu stark in Esoteriknähe befindliches Privatwissen, sondern gängige, wissenschaftlich gut belegte Sichtweise in Neurobiologie, Traumatherapie und Kinderanalyse (ebd.). Der bekannte Neurologe und Autor Oliver Sacks etwa beschreibt es als »das genetische und neuronale Schicksal eines jeden Menschen, ein einzigartiges Individuum zu sein, seinen eigenen Weg zu gehen, sein eigenes Leben zu leben, seinen eigenen Tod zu sterben« (Sacks 2015, S. 29).

Jung war fasziniert vom »wunderbarsten aller psychischen Gesetze« der ›Enantiodromie‹ des griechischen Philosophen Heraklit (520–460 v. Chr.), dem beständigen Gegeneinanderwirken der Kräfte, dem »Entgegenlaufen, worunter er verstand, dass alles einmal in sein Gegenteil hineinlaufe« (Jung 1943, GW Bd. 7 § 111) und schon durch die oben bereits genannte ›Urschrift‹ der Analytischen Psychologie, dem Roten Buch, zieht sich das Motiv der Gegensätzlichkeiten (Weyerstraß 2013).

Folgt man Jung, dann ist die prominenteste Gegensatzstruktur, das dürfte inzwischen deutlich geworden sein, diejenige zwischen dem Bewussten und dem Unbewussten, und ihre Überbrückung ist letztendliches Ziel aller Individuation, denn der Zweck des Individuationsgeschehens und des darauf ausgerichteten therapeutischen Handelns ist es, »die Einsamkeit und Verwirrung des modernen Menschen aufzuheben, seine Einbettung in den großen Lebensstrom zu ermöglichen, ihn in einer Ganzheit, die seine lichte Bewusstseinsseite zur dunklen des Unbewussten wissend und wollend zurückverbindet, zu helfen« (Jacobi 1999, S. 56).

Allerdings sind *alle* psychischen Elemente, so Jung, bipolar aufgestellt, in jedem seelischen Motiv ist zugleich auch sein Gegensatz enthalten. Diese Gegensätze stehen dabei nicht unbedingt konflikthaft zueinander, sondern durchaus dynamisch komplementär oder gar kompensatorisch. Auch in dieser Hinsicht sowie in seinem Ansatz einer dynamischen ›Lösung‹ des Gegensatzproblems ist Jung stark von der chinesischen, daoistischen Philosophie beeinflusst (▶ Kap. 10), ja übernimmt von ihr zahlreiche entsprechende Grundlagen in die Analytische Psychologie (Becker 2014, S. 31 ff). Das Dao beinhaltet die dynamische Wechselwirkung zwischen den beiden polaren und komplementären Prinzipien Yin und Yang (Vogel 2013a; anzumerken ist hier, dass Jungs Gegensatz-Auflistung in den *septem semones ad mortuos* den klassisch-chinesischen Gegenüberstellungen von Yin und Yang sehr ähnlich sind!). Aus dieser permanenten Auseinandersetzung entstehen, wie die Chinesen sagen, »die zehntausend Dinge«, meist über den ›Umweg‹ der Entwicklung eines Symbols, ohne, und das ist von Bedeutung, die ursprüngliche Dualität dadurch aufzulösen.

Das Gegensätzliche findet sich auch zwischen dem »Außen« und dem, was wir als Anpassung an das Außen vollbringen, nämlich zwischen unserer Persona und unserem ›eigentlichen‹ Selbst. Eine Identifikation mit der Persona ist ebenso wenig ratsam wie eine Alientation, d. h. die Persona lediglich als wesensfremde Rolle zu betrachten, die ›eigentlich‹ nichts mit einem selbst zu tun hat.

Das jungianische Selbst ist eine dynamische Einheit von Gegensätzen. Wir hatten in Kapitel 3 bereits den Begriff der ›Transzendenten Funktion‹ als dasjenige seelische Geschehen, das Gegensätze miteinander in Verbindung, in Dialog bringt, genannt. Die Transzendente Funktion ›macht‹ das Selbst durch die Erzeugung dieser Verbindungen. Sie hat eine Grundlage im daoistischen *wu-wei* Prinzip, der Disziplin des Handelns im Nicht-Handeln, das dadurch Spontaneität, Kreativität und das Einfließen des Unbewussten ermöglicht und die Gegensätze verbinden kann. »Die psychologische Transzendente Funktion geht aus der Vereinigung bewusster und unbewusster Inhalte hervor« (Jung 1955, GW Bd. 8, § 131), »Sie heißt transzendent, weil sie den Übergang von einer Einstellung in die andere organisch ermöglicht« (ebd., § 145), so Jung, und im therapeutischen Arbeiten steht das Bemühen um den Aufbau der Transzendenten Funktion im Vordergrund des Geschehens (▶ Kap 9.5).

Das Ziel dieses Arbeitens ist nicht die Aufhebung der Gegensätze oder gar die Erzeugung eines die Gegensätze vermischenden ›Graubereiches‹. Es ist das Halten und Aushalten der Spannung zwischen den Gegensätzen, eine Art ›dynamische Versöhnung‹, ohne eine Seite zu bevorzugen oder beide durch ein Drittes quasi zu eliminieren. »Es geht um eine Ganzheit, welche die Gegensätze in sich vereinigt und damit den Konflikt, wenn nicht aufhebt, so doch seiner Spitze beraubt« (Jung 1946, GW Bd. 16, § 537). Diese Spannung im Sinne der neuplatonischen »*coincidentia oppositorum*«, eines zu einer Einheit sich bildenden Zusammenfallens von Gegensätzlichkeiten, macht das Selbst dann eben nicht, wie von manchen auch inner-jungianischen Kritikern häufig zu hören ist, zu einer statisch monolithischen, sondern einer höchst dynamischen Instanz! Das vielgerühmte Dritte ist in dieser Sicht dann gerade nicht ein beide Seiten auflösendes, sondern ein beide Seiten enthaltendes. Jung sieht in der alchemistischen ›königlichen Hochzeit‹ (▶ Kap. 8) eine Analogie zur Gegensatzvereinigung. Gegensätze müssen nun, und das ist die große Herausforderung an den abendländischen Geist, in einer dynamischen Weise zusammen und im Sinne eines »sowohl als auch«, und nicht mehr als »entweder oder« gedacht werden: »This balance, or tension, of forces expresses the central complexity of individuation [...]. Individuation is psychic movement« (Stein 2006, S. 23), »The central burden of individuation: i. e. holding and suffering the tension of the opposites« (ebd., S. 58).

Das Ganzheitsziel ist in keiner Weise moralisch definierbar. Ziel der Individuation ist der ›vollständige‹, nicht der ›gute‹ Mensch. Das niemals endgültig erreichbare Ganzheitsideal der Individuation unterscheidet sich darin fundamental von vielen Angeboten der ›Esoterik-Szene‹, aber auch von zahlreichen, oft missverstandenen Spiritualitäten. Die Zusammenschau der Gegensätzlichkeiten, von Bewusstem und Unbewusstem, von hell und dunkel, von positiv und negativ, von gut und böse ermöglicht dem bewussten individuellen Ich die Entscheidung für den einen oder den anderen Weg, bestimmt diesen aber nicht. Die ethische Verantwortung des Menschen wird dadurch nicht unnötig, sondern erst möglich.

Ganzheit ist, darauf sei explizit hingewiesen, nicht mit friedvoller Harmonie zu verwechseln, auch wenn die Symbole der Ganzheit und des Selbst (v. a. die Mandalas) dies auf den ersten Blick suggerieren. Das Aufeinandertreffen der Gegensätze verläuft nicht immer in ruhigen Bahnen, sondern ist ein dynamisches, oft auch dramatisches Geschehen. Wie wir bzgl. des Schattenthemas noch sehen werden (▶ Kap. 9), ist das Ergebnis der Bewusstwerdung der inneren Gegensatzspannungen auch nicht immer Ausgeglichenheit und Frieden, sondern ein beständiges Streiten. Der Streit der Gegensätze, verstanden im Sinne des Berliner Jungianers Wolfgang Giegerich, ist die angemessene Sicht auf die Ganzheit, denn er erkennt beide Seiten gleichermaßen an. Giegerich beschreibt in seinem bedeutsamen Aufsatz (1980) zwar in erster Linie die Notwendigkeit des zwischenmenschlichen Streits, seine Grundaussagen können jedoch unverändert für jede, namentlich auch innerpsychische Gegensatzthematik herangezogen werden. Der Streit als eine Variante des Aggressiven ist, so Giegerich, das »die Selbstwerdung, die Individuation ermöglichende Prinzip« (Giegerich 1980, S. 24). Er ist jedoch zu unterscheiden vom Kampf, bei dem es um den Sieg geht. »Nicht streiten, bis einer gewonnen hat« (Kast 2016a), sondern der Streit an sich ist das verbindende Agens. Nachdem die unversöhnliche Verschiedenheit erkannt und anerkannt wurde, also ein »symmetrisches Verhältnis« der Gegensätze besteht und auf die Möglichkeit einer Einigung oder eines Kompromisses verzichtet wird, kommt es zu einem Zusammenschluss, zu einer dialogischen Verbundenheit der Gegensätze, die gerade im Bestehen auf der diametralen Unterschiedlichkeit beruht. »Das vereinigende Symbol ist nicht die Aufhebung oder Harmonisierung der Gegensätze, sondern diejenige Bewusstseinsstruktur, die die gleichzeitige Anerkennung beider in ihrer ewigen Unversöhnlichkeit ermöglicht [...]. Individuation, das meint nichts anderes denn: *als* dieser Streit sein« (Giegerich 1980, S. 24 f).

*Herr Z. befand sich, je weiter seine Erkrankung fortschritt, inmitten eines solchen Streits der Gegensätzlichkeiten. Zum einen war er überhaupt nicht bereit, sich mit dem Tod abzufinden; er wollte (über-)leben und versuchte zahlreiche esoterische und naturheilkundliche Behandlungsmethoden. Zum andern und gleichzeitig vorhanden, sehnte sich in ihm etwas Mächtiges nach dem Ende, dem Aufhören des Leidens und der Schmerzen, des Abschiednehmen-Müssens und der wiederkehrenden Verzweiflung. Eine akzeptierende Sicht seiner selbst wurde erst dadurch möglich, dass diese beiden gegensätzlichen Strebungen als Streitende in ihm selbst erkannt und bestätigt wurden, ohne dass er sich je auf eine Seite dieses Konfliktes geschlagen hätte.*

Die sich aus diesen Formulierungen der Hauptaufgabe der Individuation – dem Aufbau der Transzendenten Funktion – ergebende grundsätzliche und auch therapeutische Haltung ist, so drückt es Jung aus, eine dialektische, die aber eben nicht verwechselt werden darf mit der Auflösung beider Pole in ein Drittes, sondern Jung geht es um die energetische Spannung »zwischen den Gegensätzen« (Jung 1959a, GW Bd. 10, § 872). Daher ist wohl auch die Bezeichnung des Dialogischen weniger irreführend, die Jung sowohl für die therapeutische Beziehung (dialogische Beziehung, auf Augenhöhe zwischen Patient und Therapeut) wie für die Individuation gebrauchte. Die Transzendente Funktion übt den Dialog zwischen dem Bewusstsein und seinem Gegenüber, dem Unbewussten, ein, bereichert dadurch beide Seinsbereiche und erzeugt durch die dialogische Verbindung das – manchmal auch spannungsreiche – Ganze.

Die Gegensatz-Thematik spiegelt sich natürlich auch wider in der in Kap. 5 erläuterten Sicht der Psyche als System von Funktionen. Bereits Meyer (1980) wies auf die Bedeutung des Typenkonzeptes für die

Jung'sche Individuationsidee hin und setzte sich mit den Auswirkungen etwa identischer oder komplementärer dominierender Funktionstypen bei Analytiker und Patient auseinander. Es würde den Rahmen dieses Buches sprengen, nun diese Konstrukte exakt auszuführen (vgl. dazu Rafalski 2017). Für unseren Zweck soll die Heuristik genügen, auch mittels der Bewusstwerdung der eigenen bevorzugten Art, mit dem eigenen Innenleben, den Wesen um sich herum und mit der persönlichen ›Gegenseite‹, also mit den bisher unterentwickelten, nicht beachteten oder sogar nicht bewussten Aspekten unserer Gesamtpersönlichkeit in Beziehung zu treten. Individuation meint in diesem Zusammenhang also das Kennenlernen und evtl. bewusste Ausprobieren ›ganz anderer Seiten‹ der eigenen Persönlichkeit.

Wie der gesamte Individuationsprozess, so ist auch sein Ganzheitsziel, die Gegensatzvereinigung, immer nur vorläufig, momentan und dynamisch. Diese Limitierung menschlicher Fähigkeiten zu akzeptieren, gilt wiederum als Teil des Individuationsgeschehens. Barbara Hannah berichtet eine Aussage Jungs in einem persönlichen Gespräch, in dem er den »kreativen Künstler im weitesten Sinne« als am ehesten befähigt sieht, die Gegensätze zusammenzubringen (Hannah 2001, S. 13 f). Die Methode der Aktiven Imagination kann in diesem Zusammenhang als der Beitrag der Analytischen Psychologie zum Methodenarsenal kreativer Tätigkeit gesehen werden.

# 7 Der Individuationsweg als Archetyp

Einer der bedeutsamsten Aspekte, den Jung der Psychologie hinzufügte, war seine Idee des kollektiven Unbewussten als einer innerseelischen »Welt von sozusagen kosmischen Ausmaßen« (GW Bd. 12 § 366). Es ist eine Konzeption der kollektiven, also überpersönlichen und menschheitsimmanenten Schichten im Unbewussten eines jeden Menschen. Einen Archetyp als Inhalt des kollektiven Unbewussten bezeichnet Jung als ein a priori aufzufindendes, ubiquitäres »seelisches Organ« (Jung 1999, S. 91), das sich nicht direkt, sondern über Kulturvermittlung geformte archetypische Bilder äußert. Die Archetypenpsychologie der Analytischen Psychologie ist inzwischen ein je nach Schwerpunktsetzung des Autors zwar heterogen formuliertes, jedoch theoretisch und auch empirisch gut ausdifferenziertes und durchdrungenes Theoriekonzept (vgl. Roesler 2016), das neben der klinischen Psychologie auch in Nachbardisziplinen wie etwa der Geschichts- oder Literaturwissenschaften Eingang fand. »Der Begriff Archetyp lässt sich am besten mit dem Wort Urbild übersetzen. Diese Urbilder, so nimmt Jung an, gehören quasi zur Ausstattung der menschlichen Psyche (Jungs eigene Publikationen zum Konzept des Archetypus finden sich hauptsächlich im Band 9/1 der gesammelten Werke). Archetypen sind Strukturelemente der kollektiven Psyche und geben psychischer Energie eine bestimmte Form, wobei sie selbst unanschaulich und gestaltlos sind. Als selbst inhaltsleere Gestaltungsfaktoren liegen sie vor jeder Erfahrung und präformieren menschliche Vorstellungen, Erleben und Handeln. Archetypen kreisen um die elementaren und allgemeinen Erfahrungen des Lebens wie Geburt, Ehe, Mutterschaft, Tod, Trennung, Krisen usw.« (Roesler 2016, S. 16 f). Die gesamte menschliche Entwicklung folgt also gemäß dem Individuationskonzept, sozusagen von klein auf, einer archetypischen Linie. Es ist ein universelles Lebensgesetz

(Jacobi 1971), das subjektiv gelebt wird. Der Individuationsprozess ist »insofern archetypischer Natur, als Individuation Wandlungs- und Reifungsvorgänge beinhaltet, die überall dort eine Rolle spielen, wo es um das Beschreiten eines inneren Weges, um Einweihung und Initiation geht. In seiner Gesamtheit ist der Prozess der Individuation ein spontaner, natürlicher und autonomer, jedem Menschen in Potenzialität mitgegebener Ablauf innerhalb der Psyche, wenn er sich dessen auch zumeist unbewusst ist« (Wehr 2006, S. 169). »We are living our stories that have been there long before us and will be there long after we are gone.« So ergänzt der Chicagoer Lehranalytiker und Autor Daniel A. Lindley (2006, S. V) und weiter: »it is the archetypal ground that underlies our Journey from birth to death. That ground is universal, ever-present, and experienced as image and feeling« (ebd., S. 1). Wir hatten schon angemerkt, dass die Individuationstheorie schwerpunktmäßig auf das sich selbst bewusste und über sich selbst reflexionsfähige menschliche Wesen abhebt, auch wenn die Energie des Individuationsprozesses bereits von Geburt an unser Leben vorantreibt.

Der hier hervorgehobene spontane Ablauf der Individuation bedeutet nicht, dass es nicht möglich und manches Mal durchaus angezeigt wäre, ihn zu unterstützen und v. a. Störungen beiseite zu räumen. Dies wird in Kapitel 19 deutlich werden.

## 7.1 Die Heldenreise

Die Betrachtung der Heldenreise in Märchen, Mythen, Dramen und heute auch in Filmen und Videogames ruft seit vielen Jahren Philosophen, Psychoanalytiker und Geisteswissenschaftler nahezu aller Fakultäten auf den Plan, zu erklären, zu erläutern, zu interpretieren und zu kritisieren, ist sie doch nach Ansicht vieler, die sich ihren vielfältigen Erscheinungsformen beharrlich genug näherten, »immerhin so etwas wie die in Geschichten gesammelte Weisheit der ganzen Menschheit« (Hammann 2015, S. 1). Dabei wird in den Gesellschaftswissenschaften in starkem Gegensatz zu allen tiefenpsychologischen Traditionen v. a. eine sozialkonstruktive Sichtweise auf die Heldenfigur vertreten: Held ist, wen die jeweilige Sozietät dazu bestimmt (z. B. Schilling 2002). Die Psychoanalyse in der Nachfolge Freuds verdankt ihre zentralen Themen der Auseinandersetzung ihres Schöpfers und zahlreicher seiner Nachfolger mit mythologischen Motiven (vgl. Schmid Noerr 1982). Bereits 1909 schrieb der Freud-Schüler Otto Rank das später von ihm stark erweiterte Buch ›Der Mythos von der Geburt des Helden‹ (2015). Darin legte er, ganz im Sinne seines Meisters, nahe an der psychoanalytischen Traumtheorie v. a. die Wunscherfüllungshypothese auf den Heldenmythos an. »Das Heldenhafte« sah er in erster Linie in »der Überwindung des Vaters« (Rank 2015, S. 118) und erkannte schließlich die gesamte »Tendenz zur Mythenbildung« in der »Rechtfertigung der Einzelindividuen des Volkes wegen ihrer eigenen Auflehnung gegen den Vater« (ebd., S. 139).

»Das Heroische im besten Sinne ist die vorantreibende, schöpferische Lebensenergie in uns, die sich verwirklichen will«, schrieb der Stuttgarter Jung'sche Psychoanalytiker und Autor Lutz Müller (2013, S. 8) und legte damit die Heldengeschichten breit im Sinne der Verbildlichung eines die menschliche Tendenz zur Selbstverwirklichung meinenden archetypischen Grundmotives aus. In der Analytischen Psychologie wird die Mythologie generell, der Mythos von Göttlichen Kind, v. a. aber der Heldenmythos, als bevorzugte Medien zur Veranschaulichung des Individuationsgeschehens genutzt. »So ist der Heldenmythos ein unbewusstes Drama, welches nur in der Projektion erscheint, vergleichbar den Vorgängen im Höhlengleichnis des Platon [...]. Der Heros [...] ist psychologisch ein Archetypus des Selbst« (Jung 1954, GW Bd. 5, § 612). Die Heldenreise mit ihren klassischen Phasen der Loslösung, des Kampfes und der Vereinigung (der Zielerreichung), die »Haupttat, [...] die Überwindung des Dunkelungeheuers, [...] der erhoffte und erwartete Sieg des Bewusstseins über das Unbewusste« (Jung 1999, S. 97), wurde u. a. von Erich Neumann (1949) auf seine archetypische Ausrichtung hin nachgewiesen. Er sah eine »Doppelstruktur« in der gesamten Heldengeschichte, indem er die doppelte Elternschaft, die »Doppelnatur« des Helden selbst und seine Eigenschaft als Wieder- bzw. eben »Doppeltgeborener« aufzeigte, immer eben als persönlicher Lebensweg des je Einzelnen und als Repräsentant der Heldenfigur als archetypisches Motiv. Die Loslösung etwa meint dann die Ablösung von den realen Eltern und ihren verinnerlichten Komplexen, archetypisch meint sie die Herauslösung aus einer nur unbewussten Existenz hinein in die Bewusstseinsentwicklung. Der Heldenweg ist demnach auch ein Weg der zunehmenden Bewusstwerdung und der Herausschälung des Individuums aus einer primären Unbewusstheit einerseits (in der ersten Hälfte der Wegstrecke) und eine Rückkehr zu einer nun bewusst vollzogenen Ganzheit (in der zweiten Weghälfte, der Rückkehr) andererseits. Ödipus, der in einer Tragödienerzählung des Sophokles von seiner Tochter-Schwester Antigone in den Garten der Erinnyen geführt und dort von der Erde verschluckt wird (vgl. z. B. Tömmel 1987), ist nach Erich Neumann ein steckengebliebener, nur ›halber‹ Held von mangelhafter Bewusstseinsbildung (vgl. Löwe 2014, S. 310 ff).

Die klassische Mythologie der Völker, aber auch zahlreiche Märchen und moderne Romane, Filmgeschichten oder Theaterstücke (vgl. z. B. Edinger 2000, Hammann 2015, Vogler 1994) beschreiben, bei einem genaueren Blick, die Individuation als die Reise eines Helden/einer Heldin hin zu einem Ganzheitsziel. Oft geschieht dies auch als Vereinigung mit dem gegengeschlechtlichen Seelenanteil (etwa wenn der Märchenheld, nachdem er diverse Gefahren überstanden hat, nun die Königstochter heiraten darf oder James Bond, nachdem er ein weiteres Mal die Welt gerettet hat, mit dem Bond-Girl in den Sonnenuntergang fährt). Jung beschrieb in seinem ersten Hauptwerk ›Symbole der Wandlung‹ (1954) den archetypischen Zusammenhang der Heldenreise und des väterlichen und mütterlichen Archetypus mit dem Individuationsweg: »Der Kampf findet statt mit dem Vater, der das Hindernis auf dem Wege zum Ziel bedeutet. In anderen Fällen besteht der Kampf […] in einer Überwältigung der verschlingenden Mutter« (Jung 1954, GW Bd. 5, § 511). Vater und Mutter sind, wie bereits betont, im Zusammenhang mit der Heldenreise konkret biographisch als Notwendigkeit der Loslösung von den leiblichen Eltern, aber auch archetypisch als Ablösung von den kollektiven Elternarchetypen zu verstehen. Der Heldenmythos wird im wissenschaftlichen Umfeld der Analytischen Psychologie v. a. im angloamerikanischen Raum z. B. von dem schottischen Professor für Religionswissenschaft Robert A. Segal (z. B. 2000) oder aber von dem bekannten New Yorker Mythenforscher Joseph Campbell (1904–1987) wissenschaftlich vertreten. Gerade letzterer gilt als einer der profundesten ›Anwender‹ Jung'scher Theorie auf dem Gebiet der wissenschaftlichen Mythenforschung (2011) und hat seinerseits wiederum großen Einfluss auf die Jung'sche Community. Seine äußerst detailreiche Heldendarstellung wird uns weiter unten noch einmal beschäftigen.

Der Held oder die Heldin sind diejenigen Menschen, die psychologisch gesprochen »den Tod des eigenen Ich erlebt haben und außerhalb und jenseits des Ich gewesen waren, das Ungeheuer besiegt und ihre Seele zurückerobert haben, so dass sie als vollständige genesene Personen zur paradiesischen Seinsweise der Urahnen zurückkehren konnten« (Hammann 2015, S. 22).

Der Heldenmythos und der zugehörige Heldenarchetyp beschäftigten Jung sein ganzes Schaffen hinduch, ausführlich bereits beginnend 1912 im bereits erwähnten Hauptwerk ›Symbole der Wandlung‹. Erich Neumann erläuterte in ›Tiefenpsychologie und neue Ethik‹, »[…] wie die Ich- und Bewusstseinsentwicklung des Einzelnen dem prototypischen Geschehen des Heldenlebens und der Heldentat nachfolgt« (Neumann 1993, S. 103). Spätestens 1904 mit dem Werk des Ethnowissenschaftlers Leo Frobenius begann die systematische Aufarbeitung der umfassenden weltweiten Heldenmythologie. Er benutzte die Bezeichnungen »Walfischdrachenmythen« und »Nachtmeerfahrt«, die heute noch in tiefenpsychologischen Zusammenhängen genutzt werden und die auch Jung bereits 1911 in ›Wandlungen und Symbole der Libido‹ inspirierten. Nach Joseph Campbell ist der Heldenmythos ein sog. »Monomythos«, also eine archetypische, alle Kulturkreise übergreifende Menschheitserzählung, die allerdings nur selten in ganzer Vollständigkeit erzählt wird. Vielmehr greifen die Mythen und auch Märchen der Völker einzelne Phasen der Heldenreise heraus, vernachlässigen andere oder setzen zumindest eindeutige Erzählschwerpunkte. Campbell war als amerikanischer Hochschulprofessor doch stark beeinflusst von der deutschen Philosophie und Tiefenpsychologie. Er stellte in seiner recht populär gewordenen ›vergleichenden Mythenforschung‹ die archetypischen Stadien der Heldenreise, von ihm auch »Abenteuerfahrt« bezeichnet, in einem Kreisdiagramm dar, in dem allerdings jedes einzelne Element (etwa die Überquerung der Schwelle) erneut als zyklischer Ablauf dargestellt werden kann:

# 7 Der Individuationsweg als Archetyp

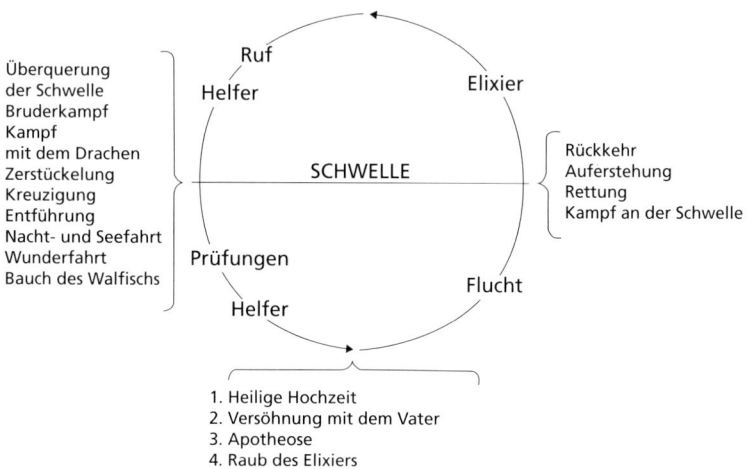

Abb. 2: Diagramm der Abenteuerfahrt. Campbell 2011, S. 264 © Insel Verlag Berlin 2011.

Zusammengefasst meint der Mythos: Der Held begibt sich (nach einer mystischen, oft jungfräulichen Geburt und einer wundersamen Kinder- und Jugendzeit), aus eigenem Antrieb oder zu einer Aufgabe oder Prüfung geschickt, bisweilen sich zunächst verweigernd, von seinem Heim auf den Weg (Ruf). Er trifft auf Hindernisse und Gegner, die den Übergang auf die ›andere Seite‹, tiefenpsychologisch zu interpretieren als die ›Innenseite‹ der Seele, das Unbewusste schlechthin, zu verhindern drohen (im therapeutischen Verlauf sind diese Kämpfe die Themen der Projektionsrücknahme, der Persona-Relativierung und v. a. des Schattenstreits; ▶ Kap. 9.2.3). Er kämpft, stirbt, siegt und meistert den Übertritt. ›Drüben‹ (als Wiedergeborener) angelangt, trifft er auf magische Hilfe in Form von Menschen, Tieren, phantastischen Wesen, Naturgewalten etc. (Helfer), mit deren Unterstützung er die gestellten Aufgaben (Prüfungen) bewältigt (im eigentlichen Sinne sind diese Helferwesen die mythologischen Vorläufer der heute in Imaginationen und Traumatherapien so oft gebrauchten ›inneren Helfer‹, Krafttiere etc.) und seine Initiation abschließt. Am Ziel angelangt, kommt es zu einer endgültigen Entscheidung in Form einer letzten Aufgabe, eines Gerichts, eines Erwählt-Werdens. Der Sieg ist eine

Vereinigung mit der großen Mutter (der Unbewusstheit und Dunkelheit, aber auch der Lebensenergie selbst), eine Aussöhnung mit dem Vater (dem Geistigen und der Erkenntnis des bisher Unbekannten) und eine göttliche Belohnung (Heilige Hochzeit als Symbol der Gegensatzvereinigung etc.). Es ist dies das Ereignis der ›Energetisierung‹ und Ganzwerdung, oft auch dargestellt als Apotheose (Aufrichtung und Verwandlung des menschlichen Selbst zur Gottheit). Der Held muss nun aber den Ort seines Triumphs verlassen (Flucht) und sich auf den Rückweg machen, von göttlichen Mächten gesegnet oder verfolgt, und hat nun erneut eine Schwelle, diesmal zurück in ›seine‹ Welt, in ›seine‹ Gesellschaft, zu überqueren (Rückkehr). An dieser Stelle droht noch einmal Gefahr, das Errungene zu verlieren oder zurücklassen zu müssen. Wenn er diesen Übergang meistert, bringt er der Familie, dem Königreich, der Welt das göttliche Heil (Elixier), bis erneut der Ruf zur Heldenfahrt an ihn ergeht (Campbell 2011). In psychotherapeutischen Termini geht es hier u. a. um den sog. ›Transfer‹, also das Hinübertragen des im therapeutischen Individuationsprozess Erfahrenen in den ›profanen‹ Alltag. Das wirkliche Ende des Mythos ist aber erst erreicht durch den endgültigen Fortgang des Helden, der oft als dessen – nicht befürchteten – Tod, ja als der Untergang der Welt schlechthin (Apokalypse, Ragnarök) dargestellt wird.

Die archetypischen Prüfungen des Helden oder seine zu lösenden Rätsel (man denke an Ödipus' Rätsel der Sphinx) finden ihren heutigen Ausdruck u. a. in der rational unerklärlichen Beliebtheit der Quiz- und Rateshows oder in den unzähligen Vorabend- und Abendkrimis, in denen die medialen Helden knifflige Aufgaben zu lösen haben, um ›weiterzukommen‹.

Der Vollständigkeit halber ist anzumerken: Mit dem Motiv der Nachtmeerfahrt bringt Frobenius (1904) einen anderen Verlauf der Heldenreise ins Gespräch, den er am Verlauf der Sonnenwanderung orientiert und in den Göttermythen wiederfindet. Wenn die Sonne im Westen in den Ozean versinkt, beginnt die Nachtmeerfahrt des Helden, des Gottes oder auch des Verstorbenen. Der Nachtmeerfahrt entspricht bei Campbell die Phase der Heldenreise nach dem ersten ›Übergang‹ bis zur Rückkehr. Das Dunkle und Gefahrvolle der Nachtmeerfahrt spiegelt sich wider in der *nigredo* des alchemistischen Prozesses und hat v. a. in der altägyptischen Mythologie, etwa im Buch ›Amduat‹, dem ›Weg der menschlichen Seele durch den verborgenen Raum‹ eine bildreiche Ausgestaltung erfahren (z. B. Clarus 1980). Derartige, in allen Hochkulturen auffindbare Individuationsgeschichten, die fast als antike ›Individuationsmanuale‹ gelesen werden können und Anleitungen zu sämtlichen in Kap. 9 angeführten Individuationsaufgaben enthalten, sind auch die Vorläufer der Jung'schen Methode der Aktiven Imagination, die sich schließlich zu einer bevorzugten Technik zur Bewältigung dieser Aufgaben entwickelte (Vogel 2014a).

Helden geben ihr Leben an etwas Größeres als sie selbst hin. Das ist der transzendente Aspekt jeder Heldenreise. Er geschieht sowohl physisch, wenn er sich körperlich opfert, aber es gibt auch den spirituellen Helden. Er wechselt in ein ›anderes Leben‹ und kehrt aus diesem wieder zurück. Es ist dies der große und individuationsdefinierende Übergang zwischen dem Bewussten und dem Unbewussten. Der Held ist in tiefenpsychologischer Auslegung auch als Gegensatz zum *puer aeternus* bzw. zur *puella aeterna*, also den ewig Jungen, zu sehen (Whitmont 1969). Gemeint ist damit »eine bestimmte Form der Neurose […], welche sich durch ein Steckenbleiben im Adoleszenzalter […] ›auszeichnet‹ mit der Folge: ›ein nur provisorisches Leben zu führen‹, ›Heilands-Phantasien‹ zu entwickeln und die Realität, so wie sie ist, als unannehmbar‹ zu erleben« (Franz 2002, S. 325). Es sind dies die Folgen der Verweigerung der Individuationsaufgaben (▶ Kap. 9).

Die gängigen Heldenerzählungen sind im Übrigen meist als Männergeschichten formuliert. Typische Helden sind Prometheus, Odysseus oder auch Moses. Hier muss darauf hingewiesen werden, dass es zum einen auch vereinzelte weibliche Heldenmythen gibt, wie etwa der Mythos von Psyche und Cupido, bei dem, wie Campbell zu Recht meint, »alle Hauptrollen vertauscht« (2011, S. 109) sind. Zweitens ist der Held als archetypische Figur selbstverständlich immer geschlechtsübergreifend zu betrachten, und drittens schließlich finden wir im Heldenmythos häufig in der Rolle der Frau als die zu Rettende oder zu Erlangende immer auch den anderen – notwendigen – Pol des stets bipolar angelegten Archetyps (s. u.) darstellt. Immer ist die Frau auch Teil des Helden selbst und umgekehrt. Campbell beschreibt dies mit der Formel »jeder ist beide« (2011, S. 361).

Heldenfahrten werden entweder bewusst oder unbewusst unternommen, nicht selten wird der Held in sein Abenteuer hineingezogen. Entscheidend für den Helden ist jedoch, für die Fahrt bereit zu sein und nicht davor zurückzuweichen. Jung weist darauf hin, dass der Held diese Reise, die ja tiefenpsychologisch betrachtet die große Reise zu sich selbst ist, antreten *muss*, und er auch trotz der vielen Widerstände nicht aufgeben *darf*, um wirklich seiner Bestimmung zu folgen, um Ganzheit zu erlangen, d. h. um tatsächlich der zu »werden, der er ist«: »Der Held ist Held, weil er in jeglicher Schwierigkeit des Lebens den Widerstand gegen das verbotene Ziel sieht und diesen Widerstand mit der ganzen Sehnsucht bekämpft, die nach der schwer- oder unerreichbaren Kostbarkeit strebt…« (Jung 1954, GW Bd.5, § 510). In dem Passus ›jeglicher Schwierigkeit des Lebens‹ klingt schon Jungs ›symbolisierende Einstellung‹ (oder Joseph Campbells ›mythologisches Denken‹, ›thinking in mythological terms‹; 2003) an, d. h. der Aufruf, auch unser Leben als eine Heldenreise betrachten zu können und unsere alltäglichen großen und kleinen Schwierigkeiten als Aufgaben dieser Reise/des Individuationsprozesses zu sehen.

Im Zusammenhang mit dem Individuationsprinzip sind nicht nur die Aufgaben des Helden, quasi als archetypische Bebilderung der Anforderungen des Individuationsweges, von Bedeutung. Von großer Wichtigkeit ist auch Jungs Erkenntnis von der Bipolarität aller Archetypen. Für den Heldenarchetyp heißt dies, dass dieser unvollständig, ja gefährlich einseitig betrachtet wird, würden wir uns nur mit dem Heldenpol des Archetyps auseinandersetzen. Jeder Retter, d. h. jeder Held, benötigt für sein Heldentum etwas zu Rettendes, meist in der Form des Schwachen, des Unterdrückten, in historischen Märchen und Mythen auch des Weiblichen. Dieser ›Opferpol‹ des Heldenarchetyps ist für dessen Verständnis unabdingbar, und die Rettung des Opfers meint auch die Integration dieses Opferpols zur Erlangung der Ganzheit.

Wir haben uns bisher mit den kollektiven Erzählungen des Heldenarchetyps befasst. Wie steht es aber um den Zusammenhang zwischen Archetypik und Individualität, wenn doch Individuation v. a. auch die Sonderung von den kollektiven Schichten des Unbewussten bedeutet? Zum einen gehört hierin die eben beschriebene Warnung vor der Identifikation mit einem Pol des Archetyps. Beide Seiten hätten, ununterschieden vom Ich, eine verheerende Wirkung auf den Einzelnen und oft auch auf die Gesellschaft. Die Beschäftigung mit dem Heldenarchetyp, etwa in der psychotherapeutischen Arbeit, dient einer solchen Disidentifikation. Um dies zu ermöglichen, ist es aber auch von essentieller Bedeutung, dass auch der Therapeut eine solche dysfunktionale Identifikation erkennt und ablegt. Im therapeutischen Kontext kommt uns der Heldenarchetyp nicht selten in der Form des Heilerarchetyps entgegen, der am anderen Pol den Kranken beinhaltet. Nur wenn der Therapeut in der Lage ist, einen positiven Kontakt zu seinen eigenen ›erkrankten‹ Anteilen aufrechtzuerhalten und somit eine inflationäre Identifikation mit der Heilerseite aufgibt, ermöglicht er dem Patienten einen Kontakt mit seinem ›inneren Heiler‹ und wiederum eine Disidentifikation mit der archetypischen Opfer- bzw. Krankenseite. Es ist dies der Mythos des Verwundeten Heilers (Frick 1996), der aus Jungs Auseinandersetzung mit dem Mythos um den Kentauren Chiron erwuchs und u. a. von Adolf Guggenbühl-Craig (1971) ausformuliert wurde. Es geht um den Arzt, der selbst getroffen ist (Jung und Jaffe 2009), der für das Therapieverständnis der Analytischen Psychologie so entscheidend ist und der quasi ein ›Alleinstellungsmerkmal‹ im Vergleich zu anderen psychotherapeutischen und psychiatrischen Schulrichtungen darstellt: »In jungian work […] there is an emphasis on the therapist's woundedness as a therapeutic tool. Psychiatry grows out of the medical model. The medical profession involves authority, fixing things, and demonstrations of proficiency. There is a doctor who knows and a patient who is worked upon by the doctor. The model in Jungian analysis ist different«, schreibt die weltbekannte amerikanische jungianische Analytikerin und Autorin Jean Shinoda Bolen (2016, S. 175) und weist damit auf die Notwendigkeit des Therapeuten hin, Aufmerksamkeit für seine eigenen Verwundungen zu entwickeln. Die psychotherapeutische Arbeit kommt damit nahe an die moderne, aus der Selbstpsychologie hervorgegangene Intersubjektivitätstheorie heran (Braun 2016, Vogel 2016a). »Was ist der Mythos, den Du lebst« fragt Jung im Vorwort zu ›Symbole der Wandlung‹ (1954, GW Bd. 5, S. 13). Und wir haben uns für uns selbst und zusammen mit unseren Patienten zu fragen: Welche ist meine/seine und unsere gemeinsame, ganz einmalige Art, die Heldenreise anzutreten?

Abschließend sei angemerkt, dass der hier beschriebene Heldenweg mit seinen Stationen deutliche Anklänge zu anderen Phasenlehren aufzeigt. Dies gilt v. a. für viele Kreativitätstheorien. So beschreibt z. B. Holm-Hodulla (2011) die Kreativitätsphasen aufeinanderfolgend: Präparation→

Inkubation→Illumination→Realisation→Verifikation; und kommt damit nahe an Campbells Darstellungen heran.

## Exkurs: Der Held als Geflüchteter

Auf eine interessante Parallele zwischen den Heldenmythen und den heute aus den Notgebieten der Welt nach Europa Flüchtenden weist feuilletonistisch Ch. Schröder (2015) hin, indem er den heldischen ›Prototypen‹ Odysseus als ersten über das Mittelmeer kommenden Bootsflüchtling darstellt. In unserem Zusammenhang könnte spekuliert werden, dass die verbreitete Ablehnung, die den Flüchtenden auf unserem Kontinent entgegenkommt, auch als Abwehr gegen die Anerkennung des Heldenhaften des Anderen gedeutet werden könnte. Um die eigene Weigerung oder Unfähigkeit, sich auf den (heldenhaften) Individuationsweg mit all seinen Risiken zu begeben, vom Bewusstsein fernzuhalten, werden all diejenigen, die zumindest im äußeren Tun ihrem Selbst zu entsprechen versuchen, abgelehnt und diskriminiert. Eine weitere Deutung der Flüchtlingsfeindlichkeit mag in der Abwehr des Opferpols des Heldenarchetyps liegen, der uns in den Geflohenen besonders deutlich entgegentritt.

## 7.2 Der Pilgerweg

Dem Heldenmythos ist eine weitere Menschheitserzählung beigeordnet, die nicht weniger Anspruch auf eine archetypische Verankerung anmelden kann und die das Individuationsanliegen vielleicht noch klarer verdeutlichen kann: Es ist dies das Motiv des Heiligen (Campbell 2011), v. a. aber der Pilgerfahrt, des Pilgers, der aufbricht »in die Hauslosigkeit« um nach langem Weg und mannigfaltigen Kämpfen das Heiligtum zu erreichen und von ihm (oder allein durch den Weg) verwandelt zu werden. Im Gegensatz zu v. a. im katholischen Bereich zu findende Wallfahrten handelt es sich beim Pilgern um eine Meditation im Gehen, die für ihren Zweck das Erreichen des Zieles nicht wirklich benötigt. Gleichzeitig erweitert der Pilgergedanke das individuationsspezifische ›Werde, der/die du bist‹ und das unabdingliche ›gehe deinen eigenen Weg‹ oder ›finde deine eigene Richtung‹. Der *peregrinus (per ager:* auf dem Feld sein, über den Acker streifen) ist derjenige, der mit einer bestimmten inneren Haltung der Selbst-Findung auf dem Weg ist. Die Pilger setzen zumindest einen bestimmten Lebensabschnitt, ihre Pilgerfahrt, unter die Überschrift der Individuation und kommen, wenn die Pilgerreise gelingt, mit einer individuationsorientierten Sicht auf den gesamten Lebenslauf von der Reise zurück. Das Auf-dem-Weg-Sein war schon in alter Überlieferung auch metaphorisch gedacht (Vogel 2006). »Wandernd muss ich die Rollen ablegen, die ich spiele, die Masken abfallen lassen, die mein Wesen verdecken und entstellen. […] Wandernd gehe ich hinein in mein Wesen. In meine Wahrheit, in meinen Kern«, so der Benediktinerpater Anselm Grün (2002, S. 22), der nicht müde wird, in einer regelrechten »Theologie des Wanderns« (vgl. Grün 2005) den Pilgerweg mit dem Entwicklungsweg des Menschen zu vergleichen (Grün 2016).

## 8 Das alchemistische Werk – Die Rolle der Beziehung zum Anderen

Neben dem archetypischen Heldengeschehen benutzt Jung häufig die Bilder der mittelalterlichen Alchemie, um den Prozess der Individuation darzustellen und zu amplifizieren, denn »der psychologische Prozess ist im Wesentlichen derselbe, nämlich das Innewerden jener gewaltigen Inhalte, welche die Alchemie in den Geheimnissen der Materie witterte« (Jung 1946, GW Bd. 16, § 407). Das alchemistische Gold steht dabei für das Ganzheitsziel der Individuation. Dieses ist, übersetzt man das alchemistische Mythologem in tiefenpsychologische Terminologie, durch die nahe, ja verschränkte Beziehung zu einem Gegenüber zu erlangen. Der Individuationsvorgang besteht nach Jung also sowohl aus einer integrativen Tätigkeit im Inneren des Menschen, etwa wenn Projektionen zurückgezogen oder Schattenaspekte kennengelernt werden (▶ Kap. 9), er ist aber auch ein objektiv beobachtbares Beziehungsgeschehen (1946, GW Bd. 16, § 448). Das alchemistische Opus ist für Jung auch eine Bebilderung einer engen zwischenmenschlichen Beziehung, und der sog. Heiratsquaternio, das Viereck, in dem die Beziehung zwischen dem alchemistischen Adepten und seiner *Soror*, seiner Schwester-Geliebten exemplarisch dargestellt wird, gilt auch als das Beziehungsschema zur Annäherung an das Ziel der Vollständigkeit.

Die vier Grundphasen des alchemistischen Werkes sind (Krapp 2011):

- *Nigredo* (Schwärzung) → Regression, Depression, Tod
- *Albedo* (Weißung) → kognitives Verstehen, unterscheiden zwischen bewusstem Ich und Unbewusstem
- *Citrinitas* (Gelbfärbung) → Übergangsphase; Geistiges wird mit Emotion angereichert
- *Rubedo* (Rotfärbung, Stein der Weisen) → Ganzheitsziel

Das Ziel des alchemistischen Opus, der Stein der Weisen, das Gold usw. sind als Symbole der Ganzheit und des Selbst zu verstehen. Psychologisch gesehen stellen die alchemistischen Schritte auch die Phasen eines nahen, ineinander verschlungenen Beziehungsvorgangs dar, denn, so Jung, »ohne eine bewusst anerkannte und akzeptierte Bezogenheit auf den Mitmenschen gibt es überhaupt keine Synthese der Persönlichkeit […], die Beziehung zum Selbst ist zugleich die Beziehung zum Mitmenschen und keiner hat den Zusammenhang mit diesem, er habe ihn denn zuvor mit sich selbst.« (GW Bd. 16, § 444f). Der aus den alchemistische Traktaten herausgelöste sog. Heiratsquaternio stellt dieses enge intersubjektive Geschehen dar:

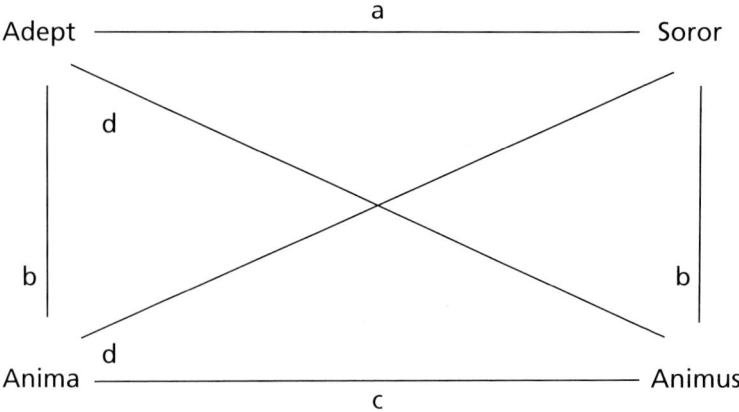

Abb. 3: Der Heiratsquaternio

Sich eng mit einem anderen Menschen zu verbinden und zumindest temporär in ein gemeinsames Unbewusstes einzutauchen, heißt also aus einem jungianischen Blick nicht, sich selbst zu verlieren, sondern im Gegenteil eigene verborgene Anteile zu entdecken und zu entwickeln. Wie Martin Buber (1878–1965), Zeitgenosse und in einigen Aspekten auch Kritiker Jungs davon ausgeht, dass erst am Du der Mensch zum Ich kommt (1923/1999), so behauptet auch die Analytische Psychologie, dass die nahe und echte Beziehung zum Anderen für die Individuation unerlässlich ist. Der oder die Andere wird dabei nicht ängstlich-abwehrend ver-objektiviert oder gar integriert oder gleichgemacht, sondern ist gerade in seinem Anderssein für unsere Entwicklung wichtig. Eine revolutionäre Auffassung gerade angesichts der sich verbreitenden Fremdenängstlich- und Feindlichkeit und dem Gebot einer raschen und möglichst vollständigen Angleichung.

Auch der (alchemistische) Beziehungsprozess folgt also archetypischen Regeln und er ist ein zentraler Teil des archetypischen Geschehens, das auch zwischen Therapeut und Patient passiert, wenn nur beide sich wirklich aufeinander einlassen. Der Verlauf dieser Beziehungsgestaltung wird konsequenterweise von Jung analog zum alchemistischen Prozess eingeteilt in die oben bereits angeführten alchemistischen Phasen *nigredo*, *albedo* und *rubedo*, die damit wiederum ein inneres und ein Beziehungsgeschehen abbilden, und erinnert an die in Jungianischen Kreisen oft zitierte und für die Arbeit am Individuationsprozess so bedeutsame, dem mythischen griechisch-ägyptischen ›Misch-Gott‹ Hermes Trismegistos zugesprochene Aussage: »Wie innen so außen«.

# 9 Die Aufgaben des Individuationsprozesses

Die Individuationstheorie Jungs ist geprägt von einer deutlichen Zweiteilung des Lebenslaufes: »Der Nachmittag des menschlichen Lebens ist ebenso sinnreich wie der Vormittag, nur sind sein Sinn und seine Absicht ganz andere. Der Mensch hat zweierlei Zwecke: der erste ist der Natur-Zweck, die Erzeugung von Nachkommenschaft und alle Geschäfte des Brutschutzes, wozu Gelderwerb und soziale Stellung gehören. Wenn dieser Zweck erschöpft ist, beginnt eine andere Phase, der Kulturzweck« (GW Bd. 7 § 114).

In seinem bekannten ›Sonnengleichnis‹ veranschaulicht Jung seine Vorstellung bildhaft: »Denken Sie sich eine Sonne, von menschlichem Gefühl und menschlichem Augenblicksbewusstsein beseelt. Am Morgen entsteht sie aus dem nächtlichen Meere der Unbewusstheit und erblickt nun die weite, bunte Welt in immer weiterer Erstreckung, je höher sie sich am Firmament erhebt. In dieser Erweiterung ihres Wirkungskreises, die durch das Aufsteigen verursacht ist, wird die Sonne ihre Bedeutung erkennen und ihr höchstes Ziel in größtmöglicher Höhe und damit auch in größtmöglicher Erstreckung ihres Segens erblicken. Mit dieser Überzeugung erreicht die Sonne die unvorhergesehene Mittagshöhe – unvorhergesehen, weil ihre einmalige individuelle Existenz ihren Kulminationspunkt nicht vorher wissen konnte. Um 12 Uhr mittags beginnt der Untergang. Und der Untergang ist die Umkehrung aller Werte und Ideale des Morgens. Die Sonne wird inkonsequent. Es ist, wie wenn sie ihre Strahlen einzöge. Licht und Wärme nehmen ab bis zum schließlichen Erlöschen.« (Jung, GW 8, § 385).

Fasst man Jungs Vorstellungen anhand des Sonnengleichnisses grob zusammen, so ergibt sich folgende ›bildliche‹ Entwicklungspsychologie:

- Erste Lebenshälfte:
Morgen: Säuglingszeit, Kindheit, Pubertät
Vormittag: Jugend, junges Erwachsenenalter
- Lebensmitte (35–40 Jahre)
- Zweite Lebenshälfte
Nachmittag: Mittleres Erwachsenenalter
Abend: Alter und hohes Alter

Diese, in psychologischen Kreisen nicht unumstrittene Aufteilung mit klaren Aufgabenzuschreibungen soll hier, v. a. aus heuristischen Gründen, beibehalten werden. Auch wenn die heutige Entwicklungspsychologie durchaus Vermischungen der von Jung postulierten Lebensthemen in den einzelnen Lebensaltern nachweist, ist deren grundsätzlicher Wert sicher unbestritten.

## 9.1 Kindheit und erste Lebenshälfte

> »Man kann nicht jung genug anfangen, wenn man sein eigenes Leben erobern will«
> H. Hesse (2008, S. 17)

Obwohl C. G. Jung selbst wohl nie therapeutisch mit Kindern arbeitete und bis auf einige wenige knappe Ausnahmen keine theoretischen Konzepte zur expliziten Entwicklung von Säuglingen und Kindern vorlegte, gibt es innerhalb der Analytischen Psychologie inzwischen eine lange und vertiefte Auseinandersetzung mit den Themen der Entwicklungspsychologie. Diese geschieht ausgehend von jungianischen Autoren wie dem deutsch-israelischen Jung-Schüler Erich Neumann oder dem britischen Psychoanalytiker und Jungianer Michael Fordham (1905–1995), heute aber allerdings vorwiegend in Auseinandersetzung mit den modernen akademischen und psychoanalytischen Entwicklungstheorien etwa der Säuglingsforschung. Ausgegangen wird hierbei zumeist mit Jung und

Fordham von einem von Geburt angelegten, hoch dynamischen sog. ›originären primären Selbst‹ (Fordham 1985), das archetypisch angelegt bereits sich selbst und den Anderen erahnen kann, sich ebenso bereits archetypisch angelegt in Beziehung fühlt und beständig zwischen Integration und Desintegration oszilliert. Im Gegensatz zu Jung geht Fordhams Entwicklungspsychologie aber nicht davon aus, dass die Blickrichtung des frühkindlichen Selbst vorwiegend nach innen und auf die kollektiven unbewussten Inhalte gerichtet sei. Vielmehr fokussiert sie, durchaus im Einklang mit den gegenwärtigen Forschungserkenntnissen, auf die Beziehungserfahrungen schon des Säuglings und seiner Fähigkeit, sich zu unterscheiden: »Selbstbewusst werden, überhaupt bewusst werden, fängt mit einem Neinsagen an« (Neumann 1949, S. 137).

Dabei kommt dem sich ausdifferenzierenden Ich die Aufgabe zu »dass der dynamische Ablauf im Selbst sich nicht unproduktiv und im Kreise dreht, sondern durch die Aktivität des Ich verändert wird, wodurch wiederum die Kräfte des Ich gesteigert werden« (Fordham 1974, S. 81). Die gelungene Entwicklung des Menschen bis in die Kindheit hinein stellt sozusagen die Voraussetzung für einen später möglichen weiteren Individuationsverlauf, wie er in diesem Buch beschrieben wird, dar. Fordham erweitert sozusagen Jungs originäres Individuationskonzept nach vorne bis zur Geburt und der Zeit unmittelbar danach (vgl. dazu Astor 1998), die von Jung selbst weitgehend unbearbeitet blieb.

Erich Neumann (1943, 1963) vergleicht, ausgehend von mannigfaltigem kindertherapeutischen Material wie Fotos und Kinderzeichnungen sowie entwicklungspsychologischen Erkenntnissen seiner Zeit, die Entwicklung des Kindes mit der menschlichen Bewusstseinsbildung schlechthin. Die sog. ›Zentroversion‹ führt im frühen Alter zur Ausbildung eines Ich-Komplexes mit einer zentralen Bewusstheit. Bzgl. der Ich-Entwicklung unterscheidet Neumann folgende Phasen: vegetative (bis ca. 9. Lebensmonat) und animalische (bis ca. 3. Lebensjahr), phallischchtonische Stufe, magisch-phallische Ich-Stufe, magisch-kriegerische Ich-Stufe (bis ca. 5. Lebensjahr). Nun verlassen die Kinder die archetypisch-matriarchalische Zeit, in der das Selbst noch als Teil des Ich erlebt wird. Mit der solar-kriegerischen Stufe beginnt das Kind mehr und mehr, sich als ein Gegenüber der Welt zu erleben. Es folgt schließlich, vor der Adoleszenz, die solar-rationale Phase, eine sog. ›obere Männlichkeit‹

nähert sich dem Vaterarchetypischen an und der reale Vater gewinnt an Bedeutung.

Von herausragender Bedeutung weit über die jungianischen Kreise hinaus ist Erich Neumanns Konzept der »Urbeziehungsstörung«, das modernste Sichtweisen sog. ›Frühstörungen‹ vorausnimmt. Gemeint ist eine Störung der von Neumann als »Einheitswirklichkeit«, in der Welt und Psyche noch nicht als getrennt erfahren werden, bezeichneten Aufgehobenheit des Kindes im ersten Lebensjahr. Einheitswirklichkeit ist, so Neumann, »die Welt, welche immer da erlebt wird, wo die Weltpolarisierung von außen und innen nicht oder nicht mehr vorhanden ist« (1956a, S. 32).

## Exkurs: Erich Neumanns »Ursprungsgeschichte des Bewusstseins« (1949) als Individuationsleitfaden

Der prominente Jung-Schüler Erich Neumann verfasste eine auf archetypischen Stadien beruhende ›life-span‹ Entwicklungspsychologie von der Geburt bis zum Tode, die das menschliche Leben in drei große, von mythologischen Motiven bestimmte Phasen mit jeweiligen z. T. sehr differenzierten Unterphasen aufteilt. Diese sind

Phase 1: Der Schöpfungsmythos
   1. Der Uroboros
   2. Die große Mutter
   3. Die Trennung der Welteltern oder das Gegensatzprinzip
Phase 2: Der Heldenmythos
   1. Die Geburt des Helden
   2. Die Muttertötung (Drachenkampf)
   3. Die Vatertötung (Drachenkampf)
Phase 3: Der Wandlungsmythos
   1. Die Gefangene und der Schatz
   2. Die Wandlung der Osiris

Knapp zusammengefasst beschreibt Neumann die Individuation des Menschen als zyklischen Verlauf von der Herausschälung des Ich aus der ursprünglichen All-Einheit, die Annäherung an und die Ablösung von den archetypischen (und realen) Elternfiguren (Drachenkampf), die Erlangung der Ganzheit und die nun verwandelte und reflektierte Rückkehr zur Einheit (vgl. auch die Ausführungen zum Heldenmythos in Kap. 7.1).

Neumann ging davon aus, das von Beginn an ein steuerndes Selbst diese Entwicklung bestimmt und er glaubte zu erkennen, dass das Selbst immer das archetypische Motiv der nächsten zu erreichenden Phase zur Verfügung stellt und die Entwicklung dadurch quasi »nach vorne zieht«.

V. a. die britische Jungianerin und Entwicklungspsychologin Jean Knox bringt die Bindungstheorie und neuropsychologischen Befunde in die jungianischen Überlegungen zur frühkindlichen Entwicklung ein, formuliert eine moderne entwicklungspsychologisch inspirierte Sicht des jungianischen Archetypenkonzeptes (z. B. Knox 2003) und vollzieht damit einen weiteren Entwicklungsschritt weg von Jungs ursprünglicher Konzeption der frühesten Kindheit.

Der Jugend und dem jungen Erwachsenenalter weist Jung selbst schließlich die Extraversion und Expansion, die endgültige Ausbildung von Bewusstsein und Persona zu, das »bewusste Ich so wirkungsvoll wie möglich zu gestalten, d. h. seinen Willen zu erziehen« (Jung 1929, GW Bd. 16, § 109).

Diese knappen Ausführungen zur Kinderpsychologie im Jungianischen und deren Bedeutung für die Individuationstheorie mögen an dieser Stelle genügen. Dies vor allem deshalb, da einer klassischen Jung'schen Auffassung folgend in der vorliegenden Schrift die Bedeutung der (früh-)kindlichen Entwicklungspsychologie für die seelische Gesundheit des Menschen und für dessen Fähigkeit, sich den Aufgaben der Individuation zu stellen, voll anerkannt, die vom Selbst organisierte und initiierte Ausrichtung des Menschen auf seine Ganzheit aber i. e. S. erst beginnend mit der Zeit um die Lebensmitte herum gesehen wird. Dabei ist die Etablierung einer funktionsfähigen Persona bereits frühes Entwicklungsziel der Kinder und später der Jugendlichen. Der Individuationsbegriff, so die hier vertretene Sicht, sollte jedoch den genuinen Individuationsaufgaben vorbehalten bleiben und nicht mit den Entwicklungsaufgaben der frühen Kindheit vermischt werden.

Zur ersten Lebenshälfte gehört auch, als Teil der Entwicklung der Persona, die Suche nach dem gesellschaftlichen Standort. Das meint die

Ausbildungs- und Berufswahl wie auch die Entscheidung für die eine oder andere Partnerschafts- bzw. Familienform. Die Auseinandersetzung mit diesen Aufgaben und mit den Menschen auf diesem Weg formt entscheidend die soziale Identität und den gesamten Ichkomplex und erschwert oder erleichtert im weiteren Lebenslauf die Ausbildung der Transzendenten Funktion. V. a. Partner, aber auch Kinder konfrontieren den Einzelnen immer wieder mit bislang wenig bewussten Komplexen und Schattenaspekten und bedeutsame Beziehungen werden somit zu zentralen Individuationsaufgaben. Dies sind z. T. sehr dynamische Prozesse, wenn etwa Mütter in jeder Lebensphase ihrer heranreifenden Kinder auch selbst wieder vor neue Individuationsaufgaben gestellt werden.

## 9.2 Die klassischen Individuationsanforderungen

»*Wir können nicht sagen, was das Unbewußte und der Individuationsprozeß an sich sind, aber wir können einige ihrer relativ typischen Manifestationen zu beschreiben versuchen*«
(v. Franz, in Jung 1969, S. 164)

Blicken wir nun konkret auf die von Jung und seinen Schülern zusammengetragenen Anforderungen, die, wie symbolhaft im oben dargestellten Heldenweg, jedem einzelnen Menschen auferlegt zu sein scheinen und denen er sich im Individuationsprozess auf höchst eigene Weise zu stellen hat. Es sind dies:

- Rücknahme der Projektionen
- Aufbau und Relativierung der Persona
- Schattenarbeit
- Entwicklung der Inneren Begleiter
- Ablösung von unbewusst-kollektiven Motiven
- Arbeit an und mit den Komplexen

Sie sind in Jungs Individuationsmodell bevorzugt die Aufgaben der zweiten Lebenshälfte, die allgemein durch eine Wendung nach innen und einer verstärkten Sehnsucht nach Ganzheit (Jung 1930, GW Bd. 8) geprägt ist. Es wurde in diesem Kapitel bewusst auf eine innerlich stringente Reihenfolge der verschiedenen Individuationsaufgaben verzichtet, um nicht den Eindruck zu erwecken, dass es sich hierbei um linear zu durchlaufende Phasenthemen handeln könnte. Dies geschieht, obwohl Jung und in seiner Nachfolge viele Jungianer immer wieder etwa auf den Vorrang der Schattenarbeit vor den anderen Individuationsanforderungen hingewiesen haben.

## 9.2.1 Rücknahme der Projektionen

»Das Unbewusste erscheint in der Regel zuerst in der Projektion«, so Jung (Jung 1946, GW Bd. 16, § 383). Projektion (lat. *proicio* ‚nach vorne werfen, hinwerfen‹) meint den unbewussten Vorgang des Hinausverlagerns eigener Seelenanteile, aber auch Wünsche, Ängste etc. aus dem seelischen Binnenraum auf ein Gegenüber, ähnlich einem intrapsychischen Diaprojektor. Projektionsträger sind meistens andere Menschen, aber auch Tiere, Ideen, Institutionen und Gruppen eignen sich als ›Gefäße‹ für eigene abgelehnte oder zumindest unbewusste Aspekte. »Projektion bedeutet die Hinausverlagerung eines subjektiven Vorganges in ein Objekt; […] indem ein subjektiver Inhalt dem Subjekt entfremdet und gewissermaßen dem Objekt einverleibt wird« (Jung 1921 GW 6: § 793). Gegenstand der Projektion seien sowohl »peinliche, inkompatible Inhalte, deren sich das Subjekt entledigt, wie auch positive Werte, die dem Subjekt aus irgendwelchen Gründen, zum Beispiel infolge Selbstunterschätzung, unzugänglich sind« (ebd.).

Unter dem Begriff Projektion versteht man in der klassischen Psychoanalyse einen primitiven Abwehrmechanismus, der dafür sorgt, dass unerträgliche innere Affekte, Impulse oder Wünsche nicht wahrgenommen werden müssen, sondern nach außen verlagert und in anderen Personen, Gruppen, Gegenständen etc. gesehen werden. Jung stellt den ausschließlichen Abwehrcharakter der Projektion infrage und sieht in ihr eher einen allgemeinpsychologischen Vorgang der ›Hinausverlagerung‹.

## 9.2 Die klassischen Individuationsanforderungen

Dies mögen durchaus unangenehme, dunkle, ja verhasste Seiten des eigenen seelischen Innenlebens, namentlich des Schattens sein, können aber auch unproblematische Eigenanteile und v. a. eigenes Unterentwickeltes sein. Das, was in uns zu wenig entwickelt ist, sieht man im anderen. Ein wichtiges Projektionsmotiv sind auch ›unfertige‹ Elternthemen, entstanden durch nicht ausreichend auf das (Klein-)Kind abgestimmte ›Bemutterung‹ oder ›Bevaterung‹. Die daraus resultierenden Mutter- und Vaterkomplexe stellen eine wichtige Projektionsquelle v. a., aber nicht nur auf gegengeschlechtliche Bezugspersonen dar. In ihnen sehen wir Anteile der Eltern, von ihnen erwarten wir das, was wir von den realen Eltern nie bekamen, sie werden zu Hoffnungsträgern und Enttäuschungen. Diese Komplexe verhindern jegliche wirkliche Weiterentwicklung, sie blockieren den Individuationsdrang, führen zu psychischen Symptomen (▶ Kap. 16) und müssen daher erkannt und bearbeitet werden. Die Bearbeitung geschieht durch die sog. Projektionsrücknahme. Die projizierten inneren Anteile unseres eigenen Seelenlebens müssen als solche erkannt und in das Selbstbild integriert werden.

*Herr Z. schleppte, wie wir gesehen haben, einen Verlassenheitskomplex hinein in die Auseinandersetzung mit Krankheit und drohendem Tod. Zum einen hielt die Mutter es nicht aus, von ihm alleingelassen zu werden, zum andern erinnert er selbst traumatische Episoden des Verlassenwerdens. Beide Aspekte dieses Komplexes, der Verlassende und der Verlassene, wurden, zeitlich versetzt und jeweils ausgelöst durch konkrete Lebensumstände, auf die Ehefrau projiziert. In ihr sah er die ihn Verlassende, wenn sie bei akuter Verschlechterung seiner Gesundheit mit dem Vorschlag einer Klinikaufnahme reagierte, und spürte große Ängste und Wut. Gleichzeitig hielt er den Gedanken kaum aus, seine Frau alleine zu lassen, wenn er selbst einmal sterben würde, und fühlte sich – wider all seiner rationalen Einsicht – schuldig, ihr diese Verlassenheit zumuten zu müssen.*

Projiziert werden, so die allgemein vertretene Sicht der Analytischen Psychologie, aber nicht nur biographiegeschichtlich erworbene Inhalte, sondern auch archetypische Komponenten. So ging Jung in seinem komplementären Modell der Psyche z. B. auch davon aus, dass Männer in ihrem Unbewussten vorwiegend weiblich, Frauen hingegen vorwiegend männlich aufgebaut seien und dass auch diese gegengeschlechtlichen Eigenanteile gerne projiziert werden (▶ Kap. 9.2.4). Er war der Meinung, dass der Grad der Einschränkung unserer Bewusstheit dafür verantwortlich sei, wie viele psychische Inhalte nach außen, vornehmlich auf andere Personen projiziert werden (1916, GW Bd. 7, § 295). »Die Ablösung der Elternimagines von gewissen persönlichen Projektionsträgern ist zweifellos möglich und gehört sozusagen zum eisernen Bestand unserer therapeutischen Erfolge«, so Jung in seinem Aufsatz »Psychotherapie in der Gegenwart« und er weist an gleicher Stelle darauf hin, dass dies auch für die analytische Übertragungsarbeit gilt (1941, GW Bd. 16, § 218). Nicht mehr bestimmt zu werden von den Komplexen und den zugehörigen Projektionen ist unabdingbar für die Entwicklung einer wirklichen Autonomie, also einer freien Entwicklungsmöglichkeit auf die eigene Potenzialität hin.

V. a. Erich Neumann wies auf die Gefahr einer Vermischung von Person und Archetyp hin, wenn im Zuge einer sog. »sekundären Personifizierung« archetypische Inhalte auf konkrete Menschen projiziert werden, in denen dann große Führer, Retter oder Meister erlebt werden (Neumann 2004).

*Herr Z. schrieb in manchen Zeiten seiner Erkrankung seiner Frau fast gottgleiche Potenzen zu. Wenn sie in der Nähe war, fühlte er sich deutlich gesünder, ihre Liebe allein, ausgedrückt in ihren pflegerischen Aktivitäten, könne ihn vielleicht doch noch heilen, ihre Ablehnung stürze ihn in den Tod. Hier zeigten sich Aspekte einer Projektion des Archetyps der Großen Muttergottheit, der die Ehefrau zunächst sich bis zur Erschöpfung aufreiben und dann ausgebrannt und resigniert abwenden ließ. Archetypische Vaterprojektionen spürte auch der Therapeut, wenn ihm und seiner Therapie immer wieder magischgöttliche Heilungskräfte auch bzgl. der Krebserkrankung zugeschrieben wurden.*

Individuation bedeutet bewusstmachende Arbeit an diesen zunächst völlig unbewusst ablaufenden Vorgängen. »Im Individuationsprozess strömen nämlich die ursprünglichen Projektionen ins Innere zurück, d. h.

sie werden der Persönlichkeit wieder integriert«, schreibt Jung 1950 in seinem Aufsatz »Über Mandalasymbolik« (GW Bd. 9/1, § 682). Es geht, so sagt er weiter, aber nicht nur um die Unterscheidungsfähigkeit von kollektiven Normen und den ›anderen‹, sondern auch von den eigenen unbewussten Inhalten (1916, GW Bd. 7, § 310). Beide werden häufig projiziert, also nicht als zu sich gehörig erkannt und damit kontrolliert, sondern im Andern des Gegengeschlechts vermutet oder gesehen bzw. verzweifelt gesucht. Der Individuationsvorgang ist somit immer auch ein Beziehungsprozess. Am ›Abarbeiten‹ der Projektionen in der Auseinandersetzung mit dem Gegenüber, am Erkennen, wer er/sie wirklich ist und was von unserem Bild von ihm/ihr unserer Projektion geschuldet ist, entfaltet sich ein Großteil des Individuationsgeschehens, der ohne die Möglichkeit einer solchen Beziehungsarbeit undenkbar ist. In der Rücknahme der Projektionen »gelingt es uns, sie von den wirklichen Eigenschaften derselben [Objekte] zu unterscheiden. Und die projizierten Inhalte, in einem oft schmerzhaften Erkenntnisprozess, als zu uns zugehörig zu erkennen« (GW Bd. 8, § 507).

Wie erfolgt nun diese Rücknahme ganz praktisch? Drei Methoden werden uns dazu aus der allgemeinen Psychotherapie zur Verfügung gestellt:

a) ›Realitätstests‹
Dies meint eine begleitete rationale Befragung bzgl. der dem Projektionsträger zugeschriebenen Eigenschaften.
b) Übung in Empathie
Diese Methode betrifft v. a., aber nicht nur, die gefährlichste aller Projektionsformen, die Schattenprojektion (▶ Kap. 9.2.3). Empathie führt zum Aufbau eines Bildes des anderen in sich selbst, sie fördert, modern ausgedrückt, die Mentalisierung. Der mentalisierte, in uns aufgerichtete Andere ist der uns nahe und auch irgendwie bekannte Andere. Er eignet sich somit wenig zur Projektionsfläche und erscheint mehr und mehr als eigene Gestalt.
c) Aufrichtige Selbstexploration
Hier geht es um ein behütetes und entängstigendes Begleiten im wahrhaftigen Blick auf sich selbst, was meist eine äußerst vertrauensvolle zwischenmenschliche Beziehung erfordert.

## 9.2.2 Aufbau und Relativierung der Persona

»*So hübsch die Anpassung an den Geist der Zeit und die Umwelt auch sei, die Freuden der Aufrichtigkeit sind größer und haltbarer.*«
H. Hesse (2008, S. 84)

»Der Zweck der Individuation ist nun kein anderer, als das Selbst aus den falschen Hüllen der Persona einerseits und der Suggestivgewalt innerer Bilder andererseits zu befreien«, so Jung (1916, GW Bd. 7, § 270). Das Persona-Konzept ist die Sozialpsychologie der Analytischen Psychologie. Definiert hat Jung die Persona als den »Kompromiss zwischen Individuum und Sozietät über das, als was einer erscheint« (1916, GW Bd. 7, § 246), und weiter: »Durch die Persona will man als dies oder das erscheinen, oder man versteckt sich gerne hinter einer Maske, ja man baut sich sogar eine bestimmte Persona als Schutzwall auf« (ebd., § 269).

Die Persona ermöglicht uns also einerseits erst überhaupt, am sozialen Leben teilzunehmen, indem gesellschaftliche Regeln erkannt und übernommen werden, und sich gleichzeitig von allzu vielen Einflüssen von draußen zu schützen. Es ist die zentrale Aufgabe der späten Kindheit, v. a. aber der Adoleszenz und des jungen Erwachsenenalters, den Aufbau einer stabilen und funktionsfähigen Persona zu bewerkstelligen. Dies geschieht auf psychologischer Ebene zum größten Teil durch Internalisierungen und Identifizierungen (also das In-Sich-Hereinnehmen von Anteilen wichtiger Bezugspersonen), aber auch durch Abgrenzungen und Abwehr. Ist sie gut entwickelt, haben wir große Chancen auf soziales Ansehen und beruflichen und privaten Erfolg. Die jeweilige Persona ist zum großen Teil dem bewussten Ich zugänglich. Sie stellt unter diesem Gesichtspunkt weitgehend das dar, was in psychologischen und psychoanalytischen Diskursen mit dem Begriff der ›Identität‹ erfasst wird. Besonders deutlich wird diese Parallele in H.E. Eriksons Begriff der »sozialen Identität« (Erikson 1973). Die bewusste Persona sollte daher einigermaßen kohärent, das heißt nicht allzu widersprüchlich aufgebaut sein. Sprechen Menschen von einer Gefährdung ihrer Identität, so meinen sie meist die Infragestellung zentraler Persona-Aspekte. Wenn, wie Jung vermutete, die Persona stark durch die Gesellschaft vermittelt wird, ist auch von einer Kultur- und Zeitgeistabhängigkeit derselben auszugehen. Persona ent-

## 9.2 Die klassischen Individuationsanforderungen

steht in unserer spätkapitalistischen und multioptionalen Gesellschaft dann auch nicht mehr durch kollektiv eingeforderte erlebte Zugehörigkeiten zu Großinstitutionen (wie Kirche, Volk etc.), sondern vielmehr durch temporäre Zugehörigkeitsgefühle zu (Sub-) Gruppen, aber auch zu Firmen (Corporate Identity) und Modetrends. Die Persona des modernen Menschen ist zudem oft bestimmt durch den jeweiligen finanziellen Status, der wiederum durch entsprechende Status-›Symbole‹ (Kleidung, Auto etc.) nach außen kommuniziert wird und so zu einem sozialen Status wird. Das Erkennen dieser oft marketing- und werbeforcierten Einformungen ökonomisch geleiteter Partialinteressen in die individuelle Persona ist ein Ziel der Persona-Relativierung und macht das aufklärerische, aber auch emanzipatorische Potenzial analytisch-psychologischen Denkens und Therapierens deutlich. Auf theoretischer Ebene bringt ein so ›modernisiertes‹ Persona-Verständnis die Analytische Psychologie auch in den geldtheoretischen Diskurs etwa der Wirtschafts- oder Kulturwissenschaften, einschließlich deren psychoanalytischen Arm (zum jungianisch-analytischen Verständnis der modernen Geldökonomie vgl. Nagel 2006) ein. ›Geld macht Persona‹ und die Persona ist das, was ich habe und besitze: »Ich bin, was ich mir (finanziell) leisten kann«. Viele ›lifestyle‹-Formen von Psychotherapie und v. a. das sich inflationär entwickelnde ›Coaching‹ fokussieren daher auf die Personalentwicklung. Andererseits besteht in ihr die Gefahr der Überidentifikation mit dem, was die Gesellschaft von einem verlangt.

Zur Persona gehört, und in der heutigen westlichen Gesellschaft ganz besonders, auch die eigene Körperlichkeit. Mode- und Fitnesskulte forcieren eine Gleichsetzung von Körper und Selbst, es entsteht eine nahezu unauflösliche Verbindung zwischen Identität und Körper (vgl. v. Franz 2001a, S. 21). Die Persona besitzt eine ausschließliche Orientierung in Richtung der äußeren Objekte, sie ist einerseits notgedrungen aufzurichten, andererseits aber auch von großer Bedeutung für eine funktionierende Anpassungsfähigkeit an die Gegebenheiten unserer Umwelt. Die Hoffnung bleibt: »Unter dem täuschenden Individualismus der Persona regt sich – zuweilen kaum erkennbar – die echte, anzustrebende Individualität« (Kurthen 1989, S. 18).

## 9.2.3 Die Schattenarbeit

Der Schatten, »unser dunkles Ander-Ich« (Wehr 1995, S. 42) gehört archetypisch und menschheitsimmanent zur menschlichen Existenz, entwickelt sich allerdings in seiner spezifisch-subjektiven Konstellation v. a. im Laufe der ersten Lebenshälfte. »Die Jungsche Psychologie definiert den Schatten im Allgemeinen als Verkörperung gewisser Aspekte der unbewussten Persönlichkeit, die wieder an den Ich-Komplex angeschlossen werden könnten, die aber aus von Mensch zu Mensch unterschiedlichen Gründen davon abgetrennt sind. Man könnte den Schatten als dunkle, ungelebte oder verdrängte Seite des Ich-Komplexes bezeichnen« (v. Franz 2012, S. 7). Von besonderer Macht ist der Schatten durch seine kollektivarchetypischen Komponenten, die ihn in die Nähe des Begriffes des Bösen schlechthin bringt (Vogel 2015). Wir Menschen haben zahlreiche Methoden entwickelt, um mit der Schrecklichkeit des inneren Dunklen zurechtzukommen. Eigene Schattenaspekte werden, bevorzugt auf wenig Bekanntes, projiziert, aber auch auf andere delegiert, die sie dann in unserem Namen ausleben. Wir machen andere zu einem Schattensymbol und bekämpfen sie dann, oder wenden ›klassische‹ psychoanalytische Abwehrformen wie Verdrängung oder Sublimierung an. Allerdings gilt auch, nicht immer ist alles Schattenhafte negativ zu bewerten: »Ob der Schatten Freund oder Feind wird, hängt von uns selber ab. […] Wenn der Schatten wertvolle Lebenselemente enthält, sollten sie ins Leben eingebaut und nicht bekämpft werden« (v. Franz 1969, S. 171 ff).

C. G. Jung war immer der Meinung, dass der Beginn jeder Selbstwerdung in der Konfrontation mit den eigenen seelischen Anteilen liege, die er den Schatten nannte. Das Ziel dieser schwierigen, vielleicht schwierigsten Entwicklungsaufgabe ist nicht eine harmonische oder friedliche Aussöhnung mit dem Schatten, sondern eine permanente kämpferische Auseinandersetzung mit denjenigen Anteilen des Dunklen in mir, das ich mir in mühevoller Anstrengung immer wieder bewusst mache. Wir werden den Schatten niemals wirklich los, Jung spricht von der »kentaurischen Einheit«, der »Mensch und sein Schatten« (1954, § 678). Es geht also nicht um den vergeblichen Versuch, die eigenen Schattenaspekte endgültig zu besiegen, sondern sich immerfort streitend auf sie zu beziehen. Damit haben wir einen dynamischen Prozess vor uns, wie derjenige der Vereinigung der Gegensätze unserer Psyche schlechthin, die adäquate ›Lösung‹ des Schattenproblems ist nicht seine harmonisierende oder gar neutralisierende Integration, sondern der permanente und unversöhnliche Streit, der nicht auf den Sieg einer Seite hin angelegt ist (▶ Kap. 6).

> *Herr Z. erlebte in seinen Todesängsten die Wucht des archetypischen Schattens. In keinem anderen Thema finden sich sämtliche Schattenaspekte so vereint wie im Todesthema (Vogel 2012). Ein großer Teil der psychotherapeutischen Arbeit bezog sich auf das Auseinanderlösen der unterschiedlichen Schattenaspekte in conspectu mortis und deren validierender Betrachtung. Zudem haderte Herr Z. mit den im Lebensrückblick aufgefundenen ungelebten Lebensanteilen und denen, die eigentlich noch hätten kommen sollen. Hier war es wichtig, Wut zulassen zu können und auch große Trauer über das, wie es auch hätte sein können.*

### 9.2.4 Entwicklung der Inneren Begleiter

Anima und Animus werden von Jung (z. B. 1954, GW Bd. 5, § 611) als Archetypen bezeichnet. Es sind bei ihm genau betrachtet Begriffe für die dem bewussten Ich (geschlechtlich) entgegengesetzten Seelenanteile des Menschen. Moderne Jungianer beschäftigten sich lange mit diesem Theoriefragment, wohl auch deshalb, weil der Zugang zu unbewussten Schichten über eine zunächst vorgenommene Konzentration auf die gegengeschlechtlichen Seelenanteile ein guter Weg sein kann. Sie formulierten das Konzept aber schließlich neu, indem sie, zum Teil durchaus gestützt durch empirische Forschungsarbeiten, feststellten, dass beide Geschlechter beide – also männliche wie auch weibliche – unbewusste Seelenanteile (und ihre Verbilderungen in Traum, Imagination und Kunst) aufweisen. Auch wurde, und das ist sicher ein wichtiger Schritt, die biologisch-geschlechtliche Zuordnung, die im Übrigen wie kaum ein anderer Theorieteil Jungs Sozialisation in einem patriarchalen Umfeld widerspiegelt, aufgegeben zugunsten eines weit umfassenderen und auch tiefsinnigeren Konzepts dieser beiden Archetypen (z. B. Kast, 1984). Anima und Animus werden so zu den »Archetypen des geheimnisvollen Fremden und der geheimnisvollen Fremden, die uns helfen, uns von den Elternkomplexen abzulösen« (Kast 2015, S. 9). Sie stehen für den inneren Verbündeten (»inner ally«, Raff u. Vocatura 2002), den inneren Seelenführer (griech: *psychopompos*) oder die innere Seelenführerin, mit deren Hilfe Verbindungen zwischen dem bewussten Ich und den seelischen Innenlandschaften hergestellt werden und die Individuationsaufgaben angegangen werden können. Die (geschlechtslosen) Engel in vielen religiösen Traditionen, der griechische Götterbote Hermes oder Vergil und Beatrice in Dantes Göttlicher Komödie sind dafür berühmte Beispiele; in Jungs Rotem Buch treffen wir auf Philemon, der gleichzeitig den archetypischen Aspekt des Alten Weisen verkörpert. V. a. die Aktive Imagination (▶ Kap. 19.4.) ist dazu geeignet, mit diesen zunächst unbekannten inneren Seelenanteilen in eine dialogische Verbindung zu treten (ebd., S.181 ff). Abschließend sei bemerkt, dass, auch wenn in dieser Deutung des ›inneren Fremden‹ die Geschlechtszugehörigkeit außen vor bleibt, die Aufforderung, sich gerade denjenigen unbewussten Anteilen, die etwa im Traum durch gegengeschlechtliche Personen repräsentiert sein könnten, zuzuwenden, eine »wertvolle Hilfestellung auf dem Weg zur Integration abgespaltener Seelenanteile« ist (Vogel 2016, S. 25 f).

Anima und Animus machen auf dem Individuationsweg eine Veränderung ihrer Erscheinung durch. Zunächst sind sie nicht selten archetypisch vom Mutter- bzw. Vaterarchetyp überlagert. In der weiteren Entwicklung verwandeln sich die inneren Begleiterfiguren häufig. Aus dem inneren Verbündeten werden archetypische Figuren, die bereits dem Selbst zugeordnet werden können: »In der Symbolsprache ausgedrückt, entspricht dies einer Vertiefung der schon zu Beginn des Lebens aufgetretenen archetypischen Figuren des ‚Väterlichen‘ und des ‚Mütterlichen‘. Jung umschreibt sie in dieser späten, differenzierteren Phase des Individuationsprozesses als *Alten Weisen* und *Große Mutter*, als die Prinzipien des Urmännlichen, des geistbetonten Logos, bzw. des Urweiblichen, des erdhaften Eros. Ihre Realisierung bedeutet die letztliche Loslösung von den konkreten Eltern« (Jacobi 1971, S. 58).

Abschließend sei angemerkt: Von manchen Jung'schen Autoren wird die Anima-Animus-Konzeption auch dem Schattenkonzept beigeordnet oder aber auch in eine breitere Sichtweise des Schattens integriert (z. B. Odorisio 2015).

## 9.2.5 Ablösung von unbewusst-kollektiven Motiven

Nicht nur die Identifikation mit der Persona stellt ein Individuationsrisiko dar. Wie wir bereits gesehen haben (▶ Kap. 7), geht die Analytische Psychologie von einer kollektiven Schicht des Unbewussten aus, deren Inhalte, die Archetypen, ebenfalls Verlockungen aussenden, sich mit ihrer einen oder anderen Seite zu identifizieren oder im Gegenteil zu projizieren. Diese Identifikationsvariante ist weit mehr unbewusst als ihr Pendant bzgl. der Persona. Sie wird in unserem (therapeutischen) Beruf beim Archetyp des Heilers, der unsere Berufsgruppe direkt betrifft, am deutlichsten (▶ Kap. 7). Wie alle Archetypen ist er bipolar organisiert, d. h. zum Menschheitsmotiv des Heilers gehört der Pol des Retters/Gesundmachers und der Pol des Kranken. Sie zusammen machen den Archetyp aus, beide Seiten aber fordern auch zur Identifikation auf. Eine – in psychotherapeutischen Kreisen nicht selten anzutreffende – Identifikation mit dem Retterpol führt zu überhöhten Selbstansprüchen, überhöhten Erwartungen an die eigenen Heilerfähigkeiten und Retterphantasien mit der großen Gefahr der Selbstüberforderung (modisch auch ›burn out‹ genannt) einerseits und der Zuschreibung des Schwachen und Kranken ausschließlich dem Patienten, dem es dann umso schwerer fällt, eigene Heileranteile, also seine Selbstheilungskräfte, in sich zu entdecken und zu entwickeln. Die Identifikation mit einem archetypischen Pol lässt den Menschen den Kontakt zur Wirklichkeit verlieren. Eine narzisstische Grandiosität auf der einen, eine festgefahrene Opferidentifikation auf der anderen Seite können die Folge sein.

Erich Neumann (2004) weist in diesem Zusammenhang v. a. auf die Notwendigkeit der Loslösung von den archetypischen Mutter- und Vatermotiven hin, die sich im heldenhaften Drachenkampf zunächst gegen den mütterlichen, dann gegen den väterlichen Archetyp wendet. Ergebnis dieses Kampfes ist eine »Doppelnatur« des Helden-Ichs, der nun mit himmlischem Logos und irdischem Eros gleichermaßen in Verbindung sein kann.

## 9.2.6 Arbeit an und mit den Komplexen

Der Komplexbegriff (lat. *complexio*: Zusammenfassung, Verknüpfung) wurde an mehreren Stellen bereits genutzt, v. a. im Zusammenhang mit dem sog. Ich-Komplex, dem Bewusstseins- und Abwehrzentrum in unserer Psyche und den Vater- und Mutterkomplexen, die sich, positiv oder negativ getönt, aus den realen Erfahrungen mit Vater- und Mutterfiguren vom Kleinkindalter an entwickeln.

Komplexe sind emotional aufgeladene, verinnerlichte und generalisierte problematische und uns überfordernde Beziehungserfahrungen, die als Ganzes, also mit einem (aktiven) »Opfer«- und einem (passiven) »Täter«-Teil internalisiert wurden. Unsere größtenteils unbewussten Komplexe behindern den Individuationsweg, da sie entweder durch Projektionen eines Komplexanteils nach Außen oder durch den aufgebauten intrapsychischen Druck, Komplexepisoden zu re-inszenieren, von unserer Eigentlichkeit ablenken und Individuationsstillstände verursachen. Zwar kann durchaus behauptet werden, dass die individuelle Zusammensetzung der Komplexlandschaft eines Menschen dessen Persönlichkeit auch im Rahmen der Normalpsychologie maßgeblich mitbestimmt, jedoch ist der Einfluss des Ichkomplexes, also des Bewusstseins, im Falle der Konstellation mächtiger Komplexnetzwerke so geschwächt, dass diese Netzwerke autonom die Kontrolle über das Erleben und Verhalten übernehmen können und wir uns dann entfremdet, ›besessen‹ oder ›fremdgesteuert‹ fühlen. Ihre energetische Macht erhalten Komplexe allerdings nicht ausschließlich aus den früheren Beziehungserfahrungen, auch wenn sie durch diese inhaltlich im Wesentlichen bestimmt sind. Vielmehr kreisen sie um einen jeweils zugehörigen archetypischen Kern (beim Mutterkomplex etwa um den Archetyp der großen Mutter), der sie mit Energie versorgt und auch inhaltlich maßgeblich beeinflusst.

Komplexe sind jedoch auch Träger von Möglichkeiten und Progression. In ihnen ist psychische Energie gebunden, sie sind einerseits konflikthaft, andererseits enthalten sie immer auch einen Entwicklungsaspekt, der dem Individuationsweg auch die Richtung zu weisen vermag.

*Auf die Verlassenheit als ein zentrales Komplexthema bei Herrn Z. wurde an früherer Stelle bereits hingewiesen. Dieser zunächst mit viel Angst besetzte Bereich wurde in der zweiten Hälfte der Therapie durch eine erneute mehrwöchige Aufenthaltspflicht in einer internistischen Klinik virulent. Das bedeutete für Herrn Z, dass angesichts des bevorstehenden Getrenntseins von seiner Frau enorme Panikgefühle und Vernichtungsängste in den Vordergrund traten. Die Identifikation mit dem Pol des Verlassenen, ohne Kontakt zum anderen Komplexteil, dem Erwachsenen, der für sich selbst sorgt und sein Leben meistert, musste bewusstgemacht werden. Dies erfolgte über Traumarbeit, v. a. aber über das gemeinsame Nachsinnen über Herrn Z's ›erwachsene‹ und selbstfürsorgliche Anteile, mit denen ein erneuter Kontakt hergestellt werden musste. Der Entwicklungsaspekt dieser Komplexarbeit lag uns beiden rasch offen vor Augen: Seine begrenzte Lebensdauer erforderte auch eine ›große‹ Fähigkeit des Verlassen-Werden-Könnens, die nun bereits im Kleinen vorweggenommen und eingeübt werden konnte. Die hohe affektive Aufladung dieses Krankenhausaufenthaltes – es war bei weitem nicht die erste längere stationäre Behandlungsphase – erklärte sich so auch durch die Konstellation des archetypischen Kerns des Verlassenheitskomplexes, dem Todesarchetyp.*

### 9.2.7 Konfrontation mit dem Tod

Die Erkenntnis der eigenen Sterblichkeit und der der Liebsten, ist, verzichtet man auf allzu radikale Abwehrprozeduren, v. a. in der zweiten Lebenshälfte ein unvermeidlicher Bestandteil des Seins. Sie kann aber, etwa durch Geschehnisse im Umkreis des Todes (eigene schwere Erkrankungen, Unfälle, Todesfälle in der sozialen Umgebung etc.) auch weitaus früher in unser Leben eintreten und entfaltet dann unweigerlich seine Wirkungen. Bisherige Ansätze, das Todesthema und das Individuationsthema zu verbinden, finden sich innerhalb der Analytischen Psychologie v. a im Trauerverständnis von Verena Kast (2013) und auch in der jungianischen Sicht auf Suizidalität bei James Hillman (2000). Hinzu kommt nun die individuationstheoretische Erfassung des Sterbens an sich. Betrachtet man die Themen im Umfeld des Todes im Lichte der Individuationstheorie, so ergeben sich zunächst zwei Zugänge: Zum einen können die Aufgaben des Individuationsprozesses als (vorgezogene) Aufgaben gesehen werden, die auch im Sterbeprozess vom Menschen verlangt werden: »The psychological path of individuation is ultimately a preparation for death«, meint dazu die enge Vertraute Jungs, Aniela Jaffé (in Hillman 1979, S. 83). Zum anderen ist es zwingend und gewinnbringend, den Sterbeprozess als letztendliche Konfrontation mit den Aufgaben der Individuation zu betrachten. Joseph

# 9 Die Aufgaben des Individuationsprozesses

Campbell etwa weist darauf hin, dass der mythische Heldenweg mit seiner groben Abfolge Trennung – Initiation – Rückkehr dem gleichen Schema wie die Übergangsriten der Welt, die *rites de passage* (Campbell 2011, S. 42), und wie der Sterbeprozess als Übergangsweg folgt. Von diesem Gedanken ausgehend ist zu fragen, ob und inwieweit das Sterbegeschehen nicht überhaupt als ein archetypisch geprägter, nochmaliger und abschließender Mikrozyklus der Individuation zu beschreiben ist, der die oben dargestellten Individuationsaufgaben noch einmal und ein (wahrscheinlich) letztes Mal stellt und der Bewältigung zugänglich macht.

## a) Das Todesthema während des Lebenslaufes

Das *memento mori*, das Bedenken der eigenen Sterblichkeit, ist in den östlichen und westlichen Philosophien seit Jahrtausenden Gegenstand der Betrachtung. Es geschieht, ist man achtsam dem Leben gegenüber, alltäglich in der Wahrnehmung von Abschied, Vergänglichkeit und Ende. Ein »abschiedliches Leben« (Kast 2017, S. 105), eine »vergänglichkeitssensible Empfänglichkeit« (Boothe 2014, S. 234), die die vielen kleinen und großen Tode nicht abwehrt, sondern »das Leben vom Ende her denkt, [um] daraus seine Handlungen abzuleiten« (zu Salm 2014, S. 9), hat viele individuationsnützliche Folgen. Es konfrontiert mit der Sinnfrage und vermittelt Sinn, es macht das Banale sichtbar banal (Yalom 2000) und es ist eine Quelle der Kreativität (z. B. in der Kunst, Forde 2007). »Kreativität ist die Antwort des Menschen auf das Sterbenmüssen« so Verena Kast (2003a, S. 9) und eine sanfte, aber beständige Todesachtsamkeit bringt uns zu Bewusstsein, dass wir bereits auf dem Individuationsweg sind. In Kapitel 2.2. hatten wir bereits bemerkt, dass auch E.H. Erikson (1973) die Ich-Integrität als schlussendliches Ziel menschlicher Entwicklung benannte und diese auch der Auseinandersetzung mit dem Tod zuschreibt. Das sichtbare Ergebnis wäre seiner Ansicht nach dann die sich entwickelnde Weisheit.

## b) Den Tod erwarten

In sehr hohem Lebensalter, bei schwerer Krankheit, nach ernsten Diagnosen mit eingeschränkter Lebenserwartung etc. wird das *memento mori* mehr und mehr eine praktische Disziplin. Ohne unser Zutun wird nun das Leben unter dem Blickwinkel des Sterbenmüssens gesehen, mit unterschiedlichen Folgen. Eine konkrete Todeserwartung zwingt uns zum Rückblick und zur Vorausschau und fokussiert finalitätsorientiert das (Lebens-)Ende als Ziel: »Geburt ist ein Anfang und Tod ist ein Ziel!«, so eine Zeile eines Yom-Kippur Gebets. Dies ist ganz im Sinne Jungs, der meinte, es sei »hygienischer, im Tod ein Ziel zu sehen, nach dem gestrebt werden sollte und dass das Streben dagegen etwas Ungesundes und Abnormes ist« (1930, GW Bd. 8, § 297). Die näherkommende Todesstunde zwingt unerbittlich zur Infragestellung des Wertes des Körpers als bedeutsamen Persona-Aspekt: »Die größte Schwierigkeit […] liegt wohl darin begründet, dass wir uns zu Lebzeiten fast völlig mit unserem Körper identifizieren. Unser ganzes Gefühl von Ich-Identität ist mit dem Körper verbunden« (v. Franz 2001, S. 21). Als Folge der Infragestellung geschieht ein Wechsel der Aufmerksamkeit nach innen und alle anderen ›existenziell geladenen‹ Themen (Sinn, Einsamkeit, Freiheit) treten hervor. Sie führen für gewöhnlich in eine ›kreative Krise‹ (mit Angst, Ärger, Verzweiflung…), die eine Bewegung ›nach vorne‹ in Gestalt einer Wandlung in Gang zu setzen vermag.

### c) Der Sterbeprozess

Das Sterben im engeren Sinne nötigt uns immer mehr und radikaler zur Aufgabe der Persona-Identifikation, in erster Linie durch die unbarmherzige Infragestellung unserer Gleichsetzung von Selbst und Körper. Es zwingt uns auch insofern endgültig zur Aufgabe der Gleichsetzung des Selbst mit der Persona, als wir in starker Pflegebedürftigkeit (der Großteil der Menschen in den westlichen Industrienationen stirbt nach einer längeren Pflegephase) all unserer bisherigen Persona-Attribute (soziale und berufliche Rolle etc.) beraubt sind.

*Herr Z. war in langen Zeiten seiner körperlichen Erkrankung kaum an Zukünftigem orientiert, außer auf die schreckliche Gewissheit eines baldigen Todes. Diese wurde so gut wie möglich verdrängt und verleugnet und sein Leben kreiste um seine momentane Symptomatik und den Verlust seiner Persona. Durch das langsame Zulassen innerer Bilder und den Beginn seiner Auseinandersetzung mit spiritueller Lek-*

*türe zum Thema des Sterbens jedoch verwandelte sich diese Grundausrichtung. Das wurde z. B. deutlich, als er eines Tages, nachdem er wieder von einem Arzt zum anderen gehetzt ist und abends erschöpft in meiner Praxis saß, meinte, er habe unbedingt kommen wollen, da dies die einzige Stunde in der Woche sei, in der er das Gefühl habe, dass »noch etwas vorwärts geht«.*

Das Realisieren des bevorstehenden Sterbens stellt zudem die ultimative Schattenkonfrontation dar: Offene Konflikte und eigene Schuldigkeiten treten verstärkt ins Bewusstsein, ungelebtes Leben wird erkannt und muss betrauert werden, Aggression und Angst kommen auf und die Beziehung zwischen Körper und Selbst muss neu entwickelt werden.

Sterben hat eine archetypische ›Ladung‹ und bildet, v. a. durch seinen phasenhaften Verlauf der Annäherung und Entfernung vom endgültigen Todeszeitpunkt, notwendigerweise die Transzendente Funktion aus. Das Sterben i. e. S. ist in den meisten spirituellen Traditionen eng verbunden mit der Idee einer letzten Chance zur Erlösung (oder Verdammnis). Die ›Totenbücher‹ geben auch letzte Hinweise für die Individuationsaufgaben (Vogel 2015a). Der Sterbeprozess kann dabei als eine besondere Art der Aktiven Imagination gesehen werden. Alle früheren individuationsbezogenen Prozesse sind komprimiert. »Wir können den Tod sehen als jene Macht, die uns ständig antreibt, uns zu wandeln« (Kast 2013, S. 185). Herausragende Ähnlichkeiten zwischen Individuations- und Sterbe-Prozess sind also:

- Beide haben eher Wandlungs- als linearen Veränderungscharakter.
- Beide sind zielgerichtet. Sie fallen unter das Finalitätsprinzip.
- Beide trainieren die Transzendente Funktion.

»Der geistige Höhepunkt wird am Schluss des Lebens erreicht. Das menschliche Leben ist also ein Vehikel zu höchstmöglicher Vollendung«, so Jung (1935 GW Bd. 11, § 856). Zur Parallelität zwischen Sterbeprozess und Individuationsprozess gibt es zahlreiche Hinweise. So sind etwa die Bilder des Sterbeprozesses und des Individuationsprozesses in allen Hochkulturen der Welt gleichermaßen gestaltet. Es erscheint derselbe Archetyp in seiner Bipolarität zwischen Vergehen und Werden. Solche

Bildmotive sind zum Beispiel die Reise, die Pilgerfahrt oder die Überfahrt (Vogel 2013). Dazu lassen sich aber zudem empirische Beispiele finden: So beschreibt die moderne Thanatopsychologie den Sterbeprozess als nichtlineares Geschehen, als ›voranschreitend zyklisch‹ in Richtung einer verstärkten Beschäftigung mit sich selbst und in Richtung einer verstärkten Akzeptanz des Todes ca. acht Wochen vor dem Todeseintritt. Kinder, die von ihrer tödlich verlaufenden Erkrankung wissen, entfalten ihr Selbst (Wittkowski 2002). Der ›positiv-regressive‹ Sterbeprozess, das »regressiv-rezeptive Geschehen« (Bothe 2014, S. 224) des Sterbens als innerpsychisches Wachstum bei gleichzeitig verstärkter regressionsbedingter Bedürftigkeit weist auf die im Vergleich zur Freud'schen Schule grundsätzlich positive Sicht der Analytischen Psychologie bzgl. eines individuationsfördernden Regressionsgeschehens hin. Sterben kann gesehen werden als eine Überfahrt in Analogie zu anderen Übergangszeiten im menschlichen Entwicklungsprozess. Es kann aber auch betrachtet werden als rückwärts gerichtete Entwicklungspsychologie, die Grenzen des Selbst erweitern sich Schritt für Schritt.

Auch der Trauerprozess und die Begräbnisriten sind in vielen Kulturen parallel zum Sterbeprozess konzeptualisiert und enthalten (oft symbolisch) die Individuationsaufgaben.

Aus all diesen Hinweisen lässt sich die begründete These formulieren, die Sterbephase kondensiere den Prozess und die Aufgaben der Individuation mit dem zentralen Thema der Entwicklung und Verwirklichung des Selbst, v. a. die Persona-Relativierung, der Schatten-Konfrontation und dem Aufbau der Transzendenten Funktion. Die permanente und lebenslange, bewusste Konfrontation mit Übergängen bereitet uns auf diese Aufgaben vor.

## Finalität und Tod

»*Nur das Freisein für den Tod gibt dem Dasein das Ziel schlechthin und stößt die Existenz in ihre Endlichkeit. Die ergriffene Endlichkeit der Existenz reißt aus der endlosen Mannigfaltigkeit der sich anbietenden nächsten Möglichkeiten des Behagens, Leichtnehmens, Sichdrückens zurück und bringt das Dasein in die Einfachheit seines Schicksals*«
(Heidegger 2006, S. 384)

Auch das Finalitätsthema hat enge Konnotationen mit dem Tod (Vogel 2012). Wir hatten auf Jungs Ratschlag, im Tod ein Ziel zu entdecken, bereits hingewiesen. Wie wir gesehen haben, ist das Individuationsgeschehen per se prozesshaft, d. h. ständig fließend und ohne Ende. Trotzdem wird, auch von Jung selbst, immer der Tod als ein (Etappen-?) Ziel der seelischen Entwicklung des Menschen benannt und aus der modernen Philosophie hören wir: »Angesichts der Unendlichkeit der Zeit ist das kurze Menschenleben ein Nichts. Der Tod ist eine Gewalt, die von außen das Leben zur Unzeit beendet. Man verendet vorzeitig zur Unzeit. Der Tod wäre keine Gewalt mehr, wenn er ein sich aus dem Leben, aus der Lebenszeit selbst ergebender Schluss wäre« (Han 2013, S. 10).

Drei grundsätzliche Finalitäts-Aspekte des Todesthemas sind unterscheidbar: Zum einen kann der Sterbemoment/-prozess als Ziel formuliert werden. Die dazugehörige Sinnfrage wäre: Was brauche ich, um ein »gutes«, d. h. zu mir gehöriges Sterben, meinen »eigenen Tod« (Rilke 2013, S. 292) zu haben? Aber auch mein Bild des Lebens nach dem Tod, meine spirituellen Vorstellungen eines Weiterlebens oder eines Einswerdens können als erarbeitbares Zielkonzept dienen. Die dazugehörige Sinnfrage wäre dann: Wie kann ich heute zu diesem Ziel beitragen? Die pragmatische, aber nicht weniger wichtige Finalitätsvariante ist die der konkreten Lebensziele angesichts radikal begrenzter Lebenszeit, denn »selbst wenn das Ende des Lebens nah ist, ist Zukunftsoffenheit möglich« (Boothe 2014, S. 226). Hier geht es ganz konkret um die Lebensbedingungen am heutigen Abend, morgen und in den nächsten, erwartungsgemäß letzten Tagen, was bisweilen unter den Begriff der »kleinen Finalität« (Vogel 2016) gefasst wird. Aktuelle und frühere empirische Untersuchungen weisen z. B. darauf hin, dass sterbenskranke Menschen etwa auf die Frage nach den aktuellen Beziehungen, die die nächsten Stunden und Tage wesentlich bestimmen, weit mehr psychische Energie verwenden als auf ihre Sozialbeziehungen im vergangenen Leben (Glaser und Strauss 1974) und dass es zu »Neukonstruktionen der Biographie als Selbstbildungsprozess« (Paul u. a. 2012, S. 273 f) kommt. Sartori (2008, 2015) weist überdies, vielleicht als dritte Komponente eines Finalitätsdenkens im Umkreis des Todes, ganz im Sinne von Jungs Finalitätsdenken, darauf hin, dass mitmenschliche Beziehungen auch in der Vorausschau über den eigenen Tod hinaus (etwa in Jenseitserwartungen) eine bedeutsame Rolle spielen. Und von dem New Yorker Philosophen Samuel Scheffler (2015) lernen wir, dass der Gedanke des (sterbenden) Menschen an die diesseitige Welt, seine Freunde, Projekte etc., nach seinem Tod, entscheidenden Einfluss hat auf das Leben im Hier und Jetzt.

Zusammenfassend lässt sich sagen:

- Die Tatsache des Sterben-Müssens gibt die Richtung des Individuationsprozesses vor.
- Die Sterbephase bringt noch einmal alle Individuationsaufgaben nach vorne, ihre Beachtung ist die jungianische Variante einer *ars moriendi*.
- Aus diesem Grunde ist das Sterben die letzte Chance der Bewältigung.
- Sich auf den Tod vorzubereiten heißt daher, die Individuationsaufgaben ernst zu nehmen.

Jacobi (1971) weist im Zusammenhang mit dem Todesthema darauf hin, dass die Parallele der Individuationsaufgaben zu den Aufgaben Sterbender auch bedeuten könne, dass auch ein kurzes Leben vollständig sein könne, wenn diese Aufgaben bestritten werden.

Wir haben nun den Individuationsvorgang etwas künstlich in sieben einzelne Aufgaben aufgeteilt, die auch als archetypische Etappen auf dem nicht-linearen Weg des ›Werde, der/die du bist‹ verstanden werden können. Bei der sorgfältigen Lektüre wird bereits deutlich geworden sein, dass diese Abschnitte sich teilweise überlappen, und natürlich sind sie nicht als stringent abzuarbeitend zu verstehen. Vielmehr entstehen aus ihnen die spezifischen und für jeden Menschen einzigartigen Lebensthemen (Kast 2008), die immer wiederkehren und die Aufgaben konglomerieren, die unser je eigenes, subjektives und einzigartiges Leben ausmachen. Schnocks (2013) schlägt in diesem Zusammenhang acht praktische Fragen zur Individuation vor:

Wer bin ich?
Was verberge ich?
Was habe ich gelernt?
Wie kann ich mich archetypisch erweitern?
Was treibt mich an?
Wie reguliert sich meine Psyche?
Wie gestaltet sich mein Weg zum Lebenssinn?
Wie gelangt mein Ich zum Selbst?

Diese Fragen könnten als ›Anwendungshilfe‹ der im vorliegenden Abschnitt angeführten Individuationsaufgaben nützlich sein.

## 9.3 Der Individuationsprozess und die existenziellen Themen des Menschseins

Nicht nur die Analytische Psychologie postuliert menschheitsimmanente Aufgaben der menschlichen Entwicklung. Auch in der modernen Philosophie, namentlich im Existenzialismus, gibt es die Vorstellung von Aufgaben, vor die der Mensch allein aufgrund seines Menschseins gestellt ist. Im Allgemeinen werden diese Aufgaben beschrieben als

- Die Frage nach dem Sinn
- Die Frage nach der Freiheit
- Das Problem der Einsamkeit
- Das Problem der Sterblichkeit (Yalom 2000)

Psychotherapeutisches Handeln kann als Arbeit an diesen prinzipiell unlösbaren Themen dargestellt und begründet werden (Vogel 2015b).

Diese »wichtigsten Erfahrungen im Leben sind auch nicht kontrollierbar. Das Wichtigste im Leben ist unverfügbar« (Kast 2016, S. 35). Auch die Angst vor diesem Unverfügbaren, Unvorhersehbaren und erst recht Unkontrollierbaren kann zu einer mehr oder weniger bewussten Entscheidung für Stillstand und gegen eine Weiterentwicklung in eine letztlich ungewisse Zukunft führen. Und auch wenn diese vier Themen (manchmal wird zusätzlich das Thema Schuld genannt) sehr unterschiedlich zu den eben aufgeführten Individuationsaufgaben der Analytischen Psychologie erscheinen und das Menschenbild dieser beiden geisteswissenschaftlichen Strömungen zahlreiche Differenzen aufweist, so können sie doch ohne Schwierigkeit ineinander überführt werden (Vogel 2013). In der Konfrontation mit dem Tod kulminieren zudem sowohl sämtliche existenziellen wie auch sämtliche analytisch-psychologischen Individuationsanforderungen.

## 9.4 Das Opfer und die Notwendigkeit der Krise

> »Solche unmittelbare Sicht auf die tiefsten Schichten des Unbewussten wird uns, wenn überhaupt, nur in der Not geöffnet. Oder – das wäre die Sicht vom anderen Ende her – die Not kommt nur, um uns das Notwendige zu zeigen…«
> (Roth 2012, S. 112)

Der Individuationsweg verlangt, das dürfte deutlich geworden sein, eine teils radikale Aufgabe althergebrachter Sichtweisen auf sich selbst. Die Akzeptanz von und die dialogische Beziehung mit fremd bleibenden Selbstanteilen und die annehmende Wahrnehmung einer spannungsreichen inneren Ganzheit erfordert, darauf weist Jung beständig hin, immer wieder das Opfer althergebrachter, bequemer und scheinbar sicherer Ich-Konzepte. Das beginnt, so Jung, bereits in frühen Jahren, wenn kindliche Abhängigkeit geopfert und Autonomie angestrebt wird (Jung 1954, GW Bd. 5), und endet Zeit unseres Lebens nicht. Das Ofer des alten Selbstbildes bzw. einiger liebgewonnener Aspekte unserer Persönlichkeit wird uns insbesondere in Krisen und Grenzsituationen des Lebens abverlangt, »es stürzt uns hinunter und macht uns zu Verrätern an unseren bisherigen idealen und besten Überzeugungen, ja an uns selbst, so wie wir uns zu kennen meinten« (Jung 1954, GW Bd5, § 554). Die »Selbstdarbringung« ist, so Jung, »unerlässlich als Voraussetzung der Wandlung« (Jung 1940, GW Bd. 11, § 338). Hierin liegt die Chance jeglichen Leidens, ohne ihm dadurch seine Dramatik und seinen Schrecken abzusprechen: wenn wir dadurch in die Lage kommen, freiwillig auf das Althergebrachte zu verzichten.« Anders verlaufen die Dinge aber, wenn dieses Opfer freiwillig gebracht wird. Dann bedeutet es nicht Umsturz, ›Umwertung aller Werte‹, Zerstörung all dessen, was einmal heilig war, sondern Wandlung und Erhaltung. Alles Junge wird einmal alt, jeder Glanz erlischt und jede Wahrheit wird schal und flach (…) Niemand soll die Gefahr des Abstieges leugnen, aber er kann gewagt werden.« (ebd., § 338). Sein Selbst mehr und mehr zu erleben bedeutet zwangsläufig ein opferndes Zurückweichen des Egos, der Persona, des Kollektiven an und in uns (vgl. Jung 1956, GW Bd. 14, § 25) und wer dazu nicht bereit ist, wird am Individuationsvorhaben scheitern. »Die individuelle Krise zwingt das Individuum in eine Tiefe, in die es freiwillig meist gar nicht gelangen würde. Das alte idealisierte Ichbild geht unter, und es kommt zur gefährlichen Erkenntnis von der Zwei- und Mehrdeutigkeit des eigenen Daseins.« (Neumann, 1993, S. 72 f.) Zur Konzeption der Opferung gehört eben die ›ressourcenorientierte‹ Sicht der Unumgänglichkeit von Krisen. »The cave you fear to enter holds the treasure you seek«, so Joseph Campbell (Stearns 2004, S. 15).

Auch die klassische Psychoanalyse Freud'scher Tradition geht davon aus, dass Krisen und Verunsicherungen unerlässlich sind für den Entwicklungsprozess des Individuums (vgl. z. B. Bauriedl 1992), auch wenn Freuds grundsätzliche Skepsis überwiegt, wenn er meint: »In akut krisenhaften Zuständen ist die Psychoanalyse so gut wie nicht zu brauchen. Alles Interesse des Ich wird dann von der schmerzhaften Realität in Anspruch genommen und verweigert sich der Analyse« (Freud 1937, GW Bd. 5, S. 12). Es gibt in der Tradition Jungs eine hohe Wertschätzung, ja sogar eine ›Notwendigkeitsbescheinigung‹ für krisenhafte Zuspitzungen, ohne ihnen ihren schwierigen und unangenehmen, bisweilen auch recht leidvollen Charakter abzusprechen. Große und kleine Krisen enthalten neben ihrem Leidenspotenzial immer auch ein ›Individuationspotenzial‹, ja sie sind, nehmen wir die Theorie der Opferung ernst, für das Fortschreiten des Individuationsprozesses unumgänglich (Hillman 1975).

## 9.5 Das Bemühen um die Transzendente Funktion

Der Individuationsprozess mit seinem zentralen Anliegen der Ganzwerdung, Neumanns bereits bekannte ›Zentroversion‹ also, benötigt eine ganz bestimmte Seinsweise, um sich zu entfalten. Diese Seinsweise ist in der Analytischen Psychologie mit dem etwas technischen, für den Individuationsgedanken aber ganz grundlegenden Begriff der ›Transzendenten Funktion‹ beschrieben worden: »The transcendent function is the core of Carl Jungs' theory of psychological growth and the heart of what he called individuation« (Miller 2004, S. XI). Erich Neumann nannte ganz Ähnliches die Entwicklung der Ich-Selbst Achse (Neumann 1953) und beschrieb mit dem von ihm in die Analytische Psychologie eingebrachten Begriff des »Automorphismus« die a priori im Menschen aktive Kraft, sich selbst zu verwirklichen, d. h. dem oben genannten ›Werde, die/der du bist‹ nachzukommen (Neumann 1955).

Zunächst geht es bei der Transzendenten Funktion um eine sorgfältige und bewusste Hinwendung zum Unbewussten als Ganzes. Von sich selbst sagt Jung in diesem Zusammenhang: »Mein Leben ist die Geschichte einer Selbstverwirklichung des Unbewussten. Alles, was im Unbewussten liegt, will Ereignis werden, und auch die Persönlichkeit will sich aus ihren Bedingungen entfalten und sich als Ganzheit erleben« (Jung und Jaffe 2009, S. 17). Dadurch aber kommt es zur Begegnung mit bisher unterentwickelten Selbstanteilen unserer Seele, die die Analytische Psychologie, wie bereits deutlich wurde, in Polaritäten denkt. Es geht um »die dynamische lebendige Vereinigung (»*mysterium conjuncionis*«) der vielen Polaritäten des Lebens, insbesondere auch des »weiblichen« Prinzips und des »männlichen« Prinzips« […]. Diese Vereinigung ist zugleich auch das Ziel der Individuation« (Müller 2016, S. 28). Hier kann auch die in Kap. 5

skizzierte Heuristik der Analytischen Psychologie nützlich sein, die im Menschen vier Funktionstypen erkennt, von denen manche sehr bewusst sind und als sog. ›Hauptfunktion‹ im Vordergrund stehen, andere dagegen sind teilweise unterdrückt. Die Gegenfunktion zur Hauptfunktion fristet schließlich ›inferior‹ ein untergeordnetes, ja unterdrücktes Dasein und lässt uns nur einen Teil dessen leben, der wir eigentlich sein könnten. Individuation bedeutet in diesem Zusammenhang, diese unterdrückte Einstellungsfunktion ins Bewusstsein zu heben, sie auch leben und wirken zu lassen und damit wieder einen Schritt in Richtung Ganzheit zu gehen (vgl. z. B. Kurthen 1989, S. 21 ff).

Ein schönes Bild der Transzendenten Funktion finden wir im v. a. in der hinduistischen Tradition besonders häufig als Symbol anzutreffenden Lotus, der in seinem Wurzelwerk fest im schlammigen (Mutter-)Boden verwachsen ist, dessen langer Stil sich durch das oft unreine Wasser nach oben schiebt und dessen reine und helle Blüte auf dem Wasser schwimmt und die Sonne grüßt (Schreiner 1996).

*Herr Z. äußerte zunächst große Skepsis, dann auch große Furcht vor einer Annäherung an seine unbewussten Seelenschichten. Er berichtete lange Zeit keine Träume, wollte sich auf kein Imaginationsangebot einlassen und bestritt jede auch noch so vorsichtige Deutung des innertherapeutischen Beziehungsgeschehens. Erst als ihm, ausgehend von Jungs bemerkenswerter Aussage, »das Unbewusste und das Totenland« seien »Synonyma« (Jung und Jaffe 2009, S. 322), deutlich wurde, dass dieses Zurückweichen auch mit seiner Todesnähe zu tun haben könnte, war er in kleinen Schritten bereit, zunächst über einen rationalen Diskurs über philosophische Ansichten über das Unbewusste, einzelne innere Bilder zuzulassen und diese langsam als zu sich gehörig anzunehmen. Im weiteren Verlauf wurden diese inneren Bilder dann zunehmend tröstlicher, wenn er erkannte, dass sie auch auf kollektive Anteile seines Seelenlebens zurückzuführen waren.*

# 10 Individuation und chinesische Philosophie

»*Einmal Yin, einmal Yang, das nennt man das Dao.*«
Dazhuan

C. G. Jungs Menschenbild und die daraus sich ergebende Analytische Psychologie ist stark inspiriert von ostasiatischer, namentlich chinesischer klassischer Philosophie. Beginnend mit seiner Lektüre von Schopenhauer bis zu seinen Vorworten zu diversen chinesischen Weisheitsbüchern und seiner Freundschaft mit dem Sinologen Richard Wilhelm (1873–1930) zieht sich die Faszination für die grundlegenden Prinzipien v. a. der daoistischen Philosophieschulen durch das Werk Jungs. So meint er in seinem zwei Jahre vor seinem Tod verfassten Nachtrag zum Roten Buch 1959, die Beschäftigung mit dem daoistisch-alchemistischen Buch ›Geheimnis der Goldenen Blüte‹ habe ihn von der Weiterarbeit am Roten Buch abgehalten, denn »da fand der Inhalt des Buches den Weg in die Wirklichkeit« (Jung 2010, S. 357).

Eine Grundidee dieser chinesischen Philosophie, dass nämlich »nicht die eigentliche Logik der Objekt-Welt, sondern (die) Eigengesetzlichkeit des subjektiven Welt-Bildes« (Fiedler 2003, S. 10) von wirklichem Interesse ist, wurde auch zu Jungs Leitgedanken. Auch die das Individuationsprinzip prägende Sicht auf die polare Zusammengehörigkeit von Individualität und Zugehörigkeit ist ein zutiefst daoistisches Moment, und gleiches gilt für die Berücksichtigung der Numinosität und des Wandlungscharakters. Diese Affinität gilt aber v. a. auch für die Nähe des Jung'schen Individuationskonzeptes zu Vorstellungen der klassisch-chinesischen daoistischen Philosophie. Auf Jungs Entsprechung zum Gegensatzkonzept des Daoismus, das in der Einheit des Dao (durch einen Kreis dargestellt) die Gegensatzpaare Yin und Yang beständig und dynamisch am Werke sieht, wurde bereits hingewiesen, ebenso auf die daoistische

›Lösung‹ der Gegensatzstruktur der menschlichen Psyche (▶ Kap. 6). Die von den Daoisten angestrebte ›Harmonie‹ von Yin und Yang meint nämlich eine »dynamische Interaktion [...] die Kombination der verschiedenen Teile zu einem ästhetisch befriedigenden Ganzen, nicht die Negierung der einzelnen Teile in einem Einheitsbrei« (Colegrave 1996, S. 26 f). Diese Ganzheit als dynamischer Streit der Gegensätze wird in der chinesischen Literatur durch das Yin-Yang-Symbol dargestellt: »The Tai Chi symbol is one of the best images for Jung's conception of the psyche. It poignantly expresses his ideas of the principle of opposition, and shows that the totality of the psyche contains both poles – positive and negative, light and dark, masculine and feminine« (Becker 2014, S 109).

**Abb. 4:** Yin und Yang.

Hier wird noch einmal besonders deutlich, dass es bei der Ganzheit nicht um die Aufhebung der Gegensätze in ein diese überwindendes Drittes geht, sondern dass die (streitbare) Verbindung der Gegensätze dieses Dritte bereits *ist*. Von Bedeutung ist in diesem Zusammenhang auch der zweiteilige chinesische Begriff xin: Er meint neben seiner Bedeutung des organischen Herzens auch das ›Selbst. In diesem Bedeutungsraum teilt sich xin auf in das ›persönliche Herz‹ (Ich) und das Dao-Herz (entspricht dem Jung'schen Selbst). Die von den Daoisten empfohlene Methode des ›Fasten des Herzens‹ meint ein Zurücknehmen des Persönlichen (Denken, Handeln etc.) und eine dadurch mögliche Erzeugung von Raum (Leere), um das Dao-Herz (das Selbst) einfließen zu lassen (vgl. z. B. Darga 2010).

All diese theoretischen Ansätze wurden von Jung weitgehend unverändert in seine Psychologie übernommen. Was das praktische, individuationsorientierte Vorgehen betrifft, ist an prominenter Stelle das Prinzip des *wuwei*, des Nicht-Eingreifens, des Handelns im Nicht-Handeln zu nennen, das Jung v. a. in seinem Kommentar zu Richard Wilhelms bereits genannter Übersetzung des daoistisch-alchemistischen Textes ›Das Geheimnis der Goldenen Blüte‹ verfasste. 1950 analysierte Jung in seinem Aufsatz »Über Mandalasymbolik« eine alte, chinesische, in Mandalaform gezeichnete »Flusskarte«, als eine der »legendären Grundlagen des I Ging, des Buches der Wandlungen« (Jung 1950, GW Bd. 9/1, § 642). Die Beschäftigung Jungs mit der klassisch-chinesischen Philosophie bedeutete für ihn also zeitlebens eine wichtige Quelle der kreativen Anregung auch für seine psychotherapeutische Praxis, namentlich für die Aktive Imagination und seine theoretischen Ausarbeitungen. Besonders deutlich wird dies beim Individuationsbegriff, dem »unentdeckten Weg in uns«, den Jung ein »psychisches Lebendiges« nennt, »das die chinesische Philosophie ›Tao‹ nennt und einem Wasserfall vergleicht, der unerbittlich sich zu seinem Ziel bewegt« (Jung 1932, GW Bd. 17 § 323). Der Begriff des Dao, eigentlich »der Weg« bezeichnet in der klassischen chinesischen Philosophie aber gleichzeitig das Ziel, was Jung ebenfalls erkennt: »Im Tao sein bedeutet Vollendung, Ganzheit, erfüllte Bestimmung« (1934, GW Bd. 17 § 323). Jung setzt das Dao also auch mit dem Archetyp der Ganzheit, dem Selbst gleich. Das chinesische Schriftzeichen für Dao setzt sich zusammen aus einem Teil, der mit ›Kopf‹ und einem Teil, der mit ›laufen‹ übersetzt werden könnte, und beschreibt hier schon auf bildlicher Ebene, was Jung mit einem bewussten Durchschreiten des Weges meinte. Das einheitliche Dao teilt sich in einem ersten Differenzierungsschritt in Yin und Yang auf und wird dadurch bewusstseinsfähig. Das Dao ist Weg und Ziel zugleich, sowie die Analytische Psychologie das Selbst als Motor, Ausrichter und Ziel der Individuation bezeichnet.

## 11  Das Selbst ist und bestimmt das Ziel

Der Individuationsbegriff umfasst einen Entwicklungs*prozess* und gleichermaßen ein Entwicklungs*ziel*. In diesem Zusammenhang rückt er ganz in die Nähe der jungianischen Konzeptionen des Selbst. Der Selbstbegriff der Analytischen Psychologie ist nicht zu verwechseln mit den Selbstkonzeptionen der Psychoanalyse Freud'scher Tradition oder gar mit den akademischen Selbstkonzepten (Vogel 2016b). Entsprechend der in Kap. 2 beschriebenen philosophischen Bedingungen eines ›Werde, der/die du bist‹ beschreibt der Hamburger Psychoanalytiker Roman Lesmeister die Voraussetzung für das Individuationsvorhaben der Selbstfindung: »Erstens die Vorstellung von einem mehr oder minder umrissenen, ›feststellbaren‹ Selbst als einem inneren Ort oder einer Verfasstheit, den bzw. die man finden, bei dem bzw. der man ›ankommen‹ kann. Zweitens eine mit dem Selbstsein verbundene Vorstellung von personaler Autonomie. Und schließlich drittens die Aussicht auf einen vom autonomen Selbst generierten Sinn« (2014, S. 36). Er weist an gleicher Stelle darauf hin, dass diese Selbstvorstellung von großen Teilen der modernen Philosophie kritisiert wird und aus dieser Richtung massive und ernstzunehmende Einwände vorgebracht würden, dass wir es aber auch gleichzeitig mit einer entsprechenden »unmittelbaren phänomenologischen und psychoanalytischen Erfahrung« (ebd., S. 59) zu tun haben. »Ein Gefühl ist so indiskutabel wie die Existenz eines Gedankens, und wie dieser erfahren werden kann, so auch jenes« meint dazu schon Jung (1946, GW Bd. 16, § 531). Das ›Selbst‹ im Sinne der Analytischen Psychologie kann also nur in emotionaler Annäherung erfahren, nicht aber gewusst, geschweige denn beschrieben werden. Es handelt sich hierbei um einen sog. ›opaken‹ Begriff, der nicht operationalisiert werden kann, ohne wesentliche Aspekte zu vernachlässigen. Die Erfahrung der Annäherung an das Selbst, darauf wurde schon hingewiesen, ist ebenso numinos, also unsagbar, und nähert sich an die Erfahrung des Heiligen, wie sie von Rudolf Otto (2004) beschrieben wurde. Dabei kommt v. a. dem *tremendum* und *fascinans* als ein Erleben des Übermächtigen und des Überwältigenden eine besondere Rolle zu. Der Erfahrung des Selbst werden hier also Eigenschaften zugeschrieben, die auch von Gotteserfahrungen berichtet werden, wie auch Jung darauf hinweist, dass die Bilder des Selbst und die Gottesbilder identisch seien. Dabei folgen viele Jungianer nicht der postmodernen Sicht des Selbst als per definitionem unsicher, flüssig und kontextabhängig. Sie erweisen sich vielmehr »als Menschen, die davon überzeugt sind, dass es ein Kern-Selbst gibt, dass es ein Wert im Leben ist, in Übereinstimmung mit dieser eigenen Tiefe zu leben, dass es eine innere Ruhe gibt, ein Gefühl auch für die Sinnhaftigkeit des Lebens« (Kast 2017a, S. 78).

Jungs Selbst weist einen paradoxen und auf den ersten Blick fast tautologischen Bezug auf das Individuationskonzept auf. Einerseits formuliert Jung das Selbst als »Gesamtumfang aller psychischen Phänomene im Menschen. Es drückt die Einheit und Ganzheit der Gesamtpersönlichkeit aus« (GW Bd. 6, § 814). In dieser Sicht wäre das Individuationsgeschehen ein Geschehen *innerhalb* des Selbst. An anderer Stelle meint er: »Der Zweck der Individuation ist nun kein anderer als das Selbst aus den falschen Hüllen der Persona einerseits und der Suggestivgewalt unbewusster Bilder andererseits zu befreien.« So formuliert Jung bereits 1916 (GW Bd. 7, § 269) und stellt somit das Selbst in den Mittelpunkt des Individuationsgeschehens, nun als Entwicklungsziel des Individuationsprozesses: Das Selbst ist »individuelle Bestimmung sui generis« (Jung 1940, GW 11, § 394). »Die Entwicklung jedes Einzelmenschen zur psychischen Ganzheit, in der sein Bewusstsein schöpferisch mit den Inhalten des Unbewussten verbunden ist, ist das tiefenpsychologische Erziehungsideal der Zukunft«, so auch Erich Neumann (Neumann 1956, S.11). Jung richtet seinen Individuationsbegriff immer wieder auf das Selbst aus: »Individuation bedeutet: Zum Einzelwesen werden, und, sofern wir unter Individuation unsere innerste, letzte und unvergleichbare Einzigartigkeit verstehen, zum eigenen Selbst werden. Man könnte ›Individuation‹ darum auch als ›Verselbstung‹ oder ›Selbstverwirklichung‹ übersetzen« (Jung GW 7, § 266). Erich Neumann spricht in diesem Zusammenhang von einer »Zentroversion« (1949) und meint damit die mit dem Finalitätsgedanken zusammenzubringende Ausrichtung der psychischen Entwicklung auf das Selbst als Zentrum, auf die Ganzheit hin. Dieses als statisch und entwicklungsunfähig missverständliche Selbstkonzept Jungs und Neumanns, das eben v. a. mit dem Begriff der Ganzheit bzw. Vollständigkeit assoziiert ist, ist innerhalb der Psychoanalyse, aber auch innerhalb der modernen Analytischen Psychologie durchaus anstößig. Der Selbstbegriff der Analytischen Psychologie ist allerdings bei genauer Betrachtung – v. a. durch die im Selbst stattfindende permanente Gegensatzspannung und dem ständigen Bemühen um eine Transzendente Funktion – hoch dynamisch. Das Ich, gedacht als Komplex und bestimmt durch die Nähe anderer Komplexkonstellationen, unternimmt dabei den beständigen, aber immer ungenügenden Versuch, sich diesem wandelbaren Selbst anzunähern, und wird durch diesen Prozess wiederum selbst verändert. In der modernen Philosophie finden wir neben der Kritik immer wieder ähnliche, wenn auch nicht völlig identische Formulierungen (z. B. Ricoeur 2005).

Jung's Psychologie sieht in der autonomen Selbst-Entwicklungs- und -Regulations-Tendenz eine Grundlage des menschlichen Daseins. Der Individuationsprozess ist daher bisweilen auch ein kompensatorisches, Einseitigkeiten und dissoziative innerseelische Abläufe ausgleichendes Geschehen. Dies macht die Bedeutung dieses Konzepts auch und v. a. für die Psychotherapie von heute als ›frühgestört‹ bezeichneten Patienten bzw. Patienten mit Borderline-Struktur deutlich: »Gegenüber der gefährlichen Auflösungstendenz erhebt sich aus dem kollektiven Unbewussten eine Gegenbewegung in der Form eines durch eindeutige Symbole gekennzeichneten Zentrierungsvorgangs. Dieser Prozess schafft nichts anderes als ein neues Persönlichkeitszentrum, […] das Selbst« (Jung 1941, GW Bd. 16, § 219). Von großer Bedeutung für das Verständnis des Individuationsgedankens ist es auch, diesen als fortlaufenden, nicht abschließbaren Prozess zu verstehen. Der Bostoner Jungianer und Autor John Ryan Haule benennt Individuation als »Jung's Phenomenology of Psychic Process« (2011, S. 83 ff). Der Individuationsprozess ist ein lebenslanges Geschehen, er endet nicht und es gibt nicht *den* individuierten Menschen, auch wenn Jung ein sozusagen ›utopisches‹ Individuationsziel beschreibt: »Mit der Empfindung des Selbst als etwas irrationalem undefinierbar Seienden, dem das Ich nicht entgegensteht und nicht unterworfen ist, sondern anhängt und um welches es gewissermaßen rotiert wie die Erde um die Sonne, ist das Ziel der Individuation erreicht« (Jung 196, GW Bd. 7, § 405). Jung wies im Zusammenhang mit dem Selbstbegriff aber auch auf die größte Gefahr eines falsch verstandenen Individuationsgeschehens hin, nämlich die Identifikation des Ich-Bewusstseins mit dem Selbst (GW Bd. 9/1, 145 ff).

## 12   Symbole des Individuationsprozesses

» Werden Symbole in einem therapeutischen Prozess erlebbar, dann machen wir die Erfahrung, dass wir lebendiger, emotionaler fühlen, d. h. die Auseinandersetzung des Bewusstseins mit dem Unbewussten findet statt. […] Im Symbol wird also der Individuationsprozess erlebbar und sichtbar«
(Kast 2012, S. 40)

Die Analytische Psychologie verfügt über eine höchst eigene und weit über die Grenzen der Psychotherapie hinaus bekannte Symboltheorie und Symbolarbeit (vgl. Dorst, 2014), wobei unter » Symbol ein Ausdruck verstanden ist, der bestmöglich einen komplexen und durch das Bewusstsein noch nicht klar erfassten Tatbestand wiedergibt« (1958, GW Bd. 8, § 148). Jungs Symbolverständnis ist eng assoziiert mit den Prinzipien der Individuation und der Finalität. » Das Symbol ist Antizipation einer erst werdenden Bewusstseinslage« (Jung 1999, S. 99), es » weist nicht mehr zurück, sondern vorwärts zu einem noch nicht erreichten Ziel« (ebd., S. 103) und in Träumen, in Imaginationen, aber auch in unserem realen Leben tauchen immer wieder symbolhafte Hinweise auf ein stattfindendes Individuationsgeschehen auf. An prominenter Stelle ist hier das Symbol des Helden (▶ Kap. 7.1.) bzw. mit ihm verschwistert des (göttlichen) Kindes (Jung 1999, S. 96) zu nennen, » ein ewiges Kind, ein immer noch Werdendes, nie Fertiges, das beständiger Pflege, Aufmerksamkeit, und Erziehung bedürfte. Das ist der Teil der menschlichen Persönlichkeit, der sich zur Ganzheit entwickeln möchte« (Jung 1934, GW Bd. 17, § 186). Das Kind, so Jung an anderer Stelle, » stellt den stärksten und unvermeidlichsten Drang des Wesens dar, nämlich den, sich selber zu verwirklichen« (1999, S. 100; in diesem Zusammenhang ist darauf hinzuweisen, dass auch manche Kinderwunschphantasien als konkretistische Auffassung des konstellierten Kindersymbols verstanden werden können, mit der Idee, einzig das reale Kind könne einen wirklichen Lebenszweck vermitteln). Das Ziel des Individuationsprozesses, die Erfahrung des Selbst als Ganzheit, Einheit und Vereinigung der Gegensätze, sieht Jung in »Vorstellungen von Mandalacharakter, das heißt Kreis und Quaternität. Diese sind die häufigsten und deutlichsten Charakteristika der Zielvorstellung. [...] Seltener kommt als Zielbild die Gestalt der überlegenen Persönlichkeit vor. Gelegentlich ist der Lichtcharakter des Zentrums in besonderem Maße betont.« (Jung 1946, GW Bd. 16, § 335).

Symbole des Individuationsgeschehens sind meist auch Symbole der Wandlungsprozesse, wie sie in Mythen und Märchen beispielsweise in den Motiven der Neu- oder Wiedergeburt oder der »Daseinserweiterung« etwa in einem neuen Königreich oder Schloss (Laiblin 1956, S. 282 ff) oder in den großen Erzählungen und Jahresfesten der Weltreligionen (z. B. Grün 2016a) aufscheinen. Auch den Lebensbaum sah Jung als (alchemistisches) Symbol des Individuationsgeschehens (Jung 1954, GW Bd. 13). 1941 hielt Jung auf der Eranos-Tagung in Ascona zwei Vorträge mit dem Thema »Das Wandlungssymbol in der Messe« (GW Bd. 11). In diesen berühmt gewordenen Reden postuliert er im Kapitel ›Messe und Individuationsprozess‹, Christus sei als »Urmensch eine den gewöhnlichen Menschen überragende und umfassende Ganzheit [...], welche der bewusstseinstranszendenten totalen Persönlichkeit entspricht. Diese bezeichnen wir [...] als das Selbst« (1940, Bd. 11, § 414).

Von Erich Neumann (1949) lernen wir noch eine wichtige Unterscheidung der Ganzheitssymbolik. Diese verändert sich von einer paradiesischen Symbolik am (uroborischen) Anfang der Entwicklung hin zu einer am ›Himmlischen Jerusalem‹ orientierten Symbolik am Ende der Individuation.

## 13  Lebensphasen und Lebensaufgaben

Wir haben bereits den wachsenden, ja zyklischen Verlauf des Individuationsgeschehens dargestellt und etwa am Heldenweg verdeutlicht. Daneben schreibt die Entwicklungspsychologie Jungs den menschlichen Lebensphasen bestimmte, wenig verhandelbare Entwicklungsaufgaben zu, die für ein psychisches Wachstum notwendig sind und die nicht umgangen werden können. Das prominente Beispiel ist hierfür die Ausbildung der Persona in der ersten Lebenshälfte und die Veränderung der Bedeutung und der Ausgestaltung der Persona durch die Prozesse der Lebensmitte. Zu diesen archetypischen Entwicklungsaufgaben ist zu allererst anzumerken, dass es für jeden Menschen auch individuelle Lebensthemen zu geben scheint, die ihn immer wieder einholen, die nie wirklich lösbar sind (und auch nicht sein sollen) und die ihn und sein ›Schicksal‹ bestimmen. Verena Kast (2008) weist darauf hin, dass hinter den Lebensthemen, die oft zunächst als Komplexe oder Konflikte daherkommen, grundsätzliche und unser individuelles Leben prägende Leitideen stehen, die es zu entdecken und anzunehmen gilt. An anderer Stelle spricht sie in diesem Zusammenhang auch von »Lebensbedürfnissen« (2003). Diese, sämtlich letztendlich auf eine der großen Individuationsaufgaben zurückführbaren individuellen Lebensaufgaben bestimmen zu einem großen Teil unser Sinnerleben und unser Gefühl eines Lebensziels, das sich v. a. auf die Finalität eines jeden psychischen Entwicklungsprozesses (vgl. 2.6.) bezieht. V. a. die Archetypische Psychologie des Amerikaners James Hillman (1926–2011; über die Archetypische Psychologie z. B. in »Charakter und Bestimmung« 1998) weist darauf hin: »Die Grundannahme dahinter ist ein Menschenbild, das annimmt, dass wir alle, ohne dadurch bereits gänzlich festgelegt zu sein, in gewisser Weise durch das Wesen prädeterminiert sind, als das wir auf die Welt kommen. […] sensibel für das, was sich ereignen will.« (Münch 2016, S. 20). Die abendländische Philosophie, namentlich die Seinsphilosophie Martin Heideggers und der Existentialismus Jean Paul Sartres und Albert Camus, benennt die ubiquitären Lebensaufgaben konkret in der menschennotwendigen Auseinandersetzung mit den bekannten und individuationszugehörigen Fragen nach Sinn, Freiheit, Einsamkeit und Tod (▶ Kap. 9.3.). Es ist durchaus gerechtfertigt zu behaupten, dass über diese existenziellen Parameter archetypische Motive und die Jung'sche Idee der Lebensaufgaben indirekt wieder Eingang in die moderne Psychotherapieentwicklung gefunden haben (vgl. Noyon u. Heidenreich 2012, Vogel 2013).

# 14 Individuation und Lebenssinn

*»Sinn macht, wenn ein Mensch das wird, was in ihm angelegt ist. Wenn er sich nicht verbiegen, nicht verleugnen, nicht verstümmeln muss. Wenn seine Talente in die Richtung gehen, die in ihm vorgesehen ist. Wenn er wird, was er sein will:*
*Nein: sein soll«*
(Altmann 2017, S. 13)

Der Begriff Sinn meint etymologisch aus seiner indogermanischen Wurzel heraus betrachtet den ›Weg‹ (Schnell 2016) und ist schon auf dieser Ebene mit dem Individuationsweg zu verbinden. C. G. Jung bezeichnete seine Psychologie auch als eine ›konstruktive‹ und hob sich dadurch v. a. von denjenigen tiefenpsychologischen (und neuerdings auch neuropsychologischen) Konzepten ab, die in unbewusst motivierten Handlungen, ja in unbewussten Prozessen überhaupt, entweder unsinnig-zufälliges oder lediglich pathologisch-regressives erblicken: »Durch die konstruktive Betrachtung des Unbewussten, das heißt durch die Frage nach Sinn und Zweck, wird das Fundament gelegt für die Einsicht in jenen Prozess, den ich als transzendente Funktion bezeichne,« (Jung GW Bd. 8, § 147). In den vorherigen Kapiteln kamen wir immer wieder auf Zusammenhänge zwischen der Individuationsidee und dem philosophisch-psychologischen Sinnbegriff zu sprechen. Zweierlei Berührungspunkte sind auszumachen:

1. Der Individuationsweg und die Annahme seiner Aufgaben vermittelt ein Gefühl der Sinnhaftigkeit der Existenz. Das authentische Beschreiten des archetypisch vorgeprägten und individuell ausgestatteten Individuationsweges bedeutet ein Sinnerleben, ein dynamisches Erleben einer inneren Zufriedenheit (Frick 2016) durch das Erleben, auf dem ›richtigen Weg‹ zu sein, ein Gefühl der Lebenszufriedenheit, das durchaus auch mit einem Glücksgefühl gleichgesetzt werden kann.

Glück wird hier also verstanden als Übereinstimmung mit sich selbst und seiner Lebensbahn. Diese Glücksdefinition widersetzt sich dem modernen ›Event-Glück‹, in dem nur besondere und vorübergehende kognitiv-emotionale Großereignisse ein wirkliches Glücksgefühl auszulösen scheinen. Die Annahme der Herausforderungen der Individuation ist also auch eine jungianische Anleitung zu einer *ars vivendi*, einer umfassenden Lebenskunst des Menschen.

2. Die Annahme einer Finalität sieht den Menschen ausgerichtet auf ein für ihn sinnvolles Ziel, auf der Suche nach seinem Ziel, das gleichzeitig auch als endgültiger Lebenssinn verstanden werden könnte. Das Individuationsgeschehen bedeutet so gesehen also eine sinnerfüllte Suche nach dem (letztendlichen) Sinn.

In dieser Affinität zum Sinnbegriff kommt die Individuationstheorie auch der modernen empirisch-psychologischen Forschung am nächsten. So verweisen zahlreiche Ergebnisse etwa der akademischen Sinnforschung auf eine grundlegende Annäherung an die jungianische Individuationstheorie (aber auch anderer Anteile des analytischen Theoriekorpus‹), ohne dass dies allerdings von den universitären Forschern zur Kenntnis genommen würde (Schnell 2016).

# 15 Die (Krise der) Lebensmitte und die zweite Lebenshälfte

Die in ihrer genauen lebenszeitlichen Benennung schwer festlegbare psychische Lebensmitte (Münch 2016) war für Jung die entscheidende Phase des Einstiegs in die ›eigentlichen‹ Themen der Individuation, er sah in ihr die Zeit der Introversion, in der »eine Metamoia, eine Sinnesänderung stattfindet« (1954, GW Bd. 5, S. 15). Werden die nun zwangsläufig (z. B. durch den natürlichen Altersabbau, durch Berentungen etc.) erfolgenden Konfrontationen mit den Individuationsthemen nicht angenommen, entwickelt sich aus einer zunächst konstruktiven Krisenzeit ein pathologisches Muster mit Ängsten, depressiven Symptomen und evtl. narzisstischen Kompensationsversuchen. Von besonderer Bedeutung wären hier die sog. »Übergangsrituale«, die den Beginn einer neuen Lebensphase anzeigen könnten, die allerdings gesellschaftlich kaum mehr gepflegt werden.

»Die Jung'sche Psychologie hat schon immer die zweite Lebenshälfte als eine wichtige Periode im Leben verstanden, in der der Mensch sich nach innen wendet, bis jetzt Ausgespartes aufnimmt und dadurch mehr zu sich selbst kommt« (Kast 2016, S. 10). Jung selbst fordert eine »Schule für Vierzigjährige« (1931, GW Bd. 8, § 786), in welcher der Mensch mit den Individuationsaufgaben vertraut gemacht wird und Anleitung erfahren kann, sich diesen zu stellen.

# 16 Hindernisse im Individuationsverlauf – Abwehr und klinische Krankheitstheorie

Die Idee der Individuation, zusammenfassend und nahe an der klinischen Psychologie beschrieben als die Frage »wie möchte ich ein Leben in Übereinstimmung mit meinen unbewussten kreativen Möglichkeiten und Notwendigkeiten leben, ohne mich allzu sehr von dem leiten zu lassen, wozu mich Eltern und Lehrer, falsche Götter, Zeitgeist, Werbung, unreflektierte Traditionen, ökonomische Zwänge, narzisstische Verlockungen bislang verführt haben?« (Mertens 2015, S. 194), ist von hoher psychotherapeutischer Brisanz. Ähnlich der Lebenskrise (▶ Kap. 9.4) wird auch die Symptomatik, sei sie in ihrem Ausdruck psychisch oder somatisch, in der Analytischen Psychologie C. G. Jungs als ein sinnhaftes Geschehen betrachtet, als ein Versuch der kompensatorischen Funktion des Selbst, den Menschen wieder auf seinen (Individuations-)Weg zurückzubringen. Einer raschen und unverstandenen Eliminierung des subjektiven Leides wurde daher immer eine Absage erteilt, auch wenn dadurch keinerlei Leidensideologie oder gar einem Leidenseuphemismus das Wort geredet wurde. Jung wies immer wieder (z. B. 1956, GW Bd. 14, § 778) darauf hin, dass das Heroische des Individuationsprozesses (▶ Kap. 7.1) stets auch das Leiden involviert:

»Das Krankhafte kann nicht einfach wie ein Fremdkörper beseitigt werden, ohne dass man Gefahr läuft, zugleich etwas Wesentliches, das auch leben sollte, zu zerstören. Unsere Aufgabe besteht nicht darin, es zu vernichten, sondern wir sollten vielmehr das, was wachsen will, hegen und pflegen, bis es schließlich seine Rolle in der Ganzheit der Seele spielen kann« (Jung GW 16, § 293).

In diesem Zusammenhang hat sich innerhalb der Analytischen Psychologie eine breite Theorie zur Ätiologie psychischer (und körperlicher) Symptome entwickelt. Es sind dies in erste Linie die Komplextheorie, die

Theorie der psychischen Balance und der Einseitigkeiten, die Theorie der Inflationierung und schließlich die Theorie der mit dem gestörten Fluss des Individuationsprozesses zusammenhängenden Störungen (Vogel 2016, S. 82 ff). Auch die moderne Freud'sche Psychoanalyse spricht von einer Überwindung des psychischen »Totstellreflexes« und der »psychischen Starre« (z. B. Bauriedl 1992, S. 197). Wie bereits festgestellt, geht es bei der Theorie der Individuation und daher auch bei der Frage nach ihrer Beeinträchtigung um ein Fließenlassen der Lebensenergie in die ihr bestimmte Richtung, denn »die Lähmung der progressiven Energie hat in der Tat sehr unerfreuliche Aspekte. Sie erscheint als unwillkommener Zufall oder geradezu als Katastrophe, die man selbstverständlich am liebsten vermeiden möchte« (Jung 1954, GW Bd. 5, § 459), oder sie erscheint, für uns Psychotherapeuten am Ersichtlichsten, als psychische Störung. Dem je eigenen Individuationsprozess wird u. U. nicht gefolgt, entweder weil er gar nicht erkannt wird oder weil – z. T. schon seit früher Zeit – soziale Einflüsse wie etwa die Wünsche und Vorstellungen der Eltern oder der Gesellschaft, in der man lebt, einen ›entfremdeten‹ Lebensweg begünstigt haben: »Menschen, die ein bestimmtes Schicksal zu leben haben, werden neurotisch, wenn man sie hindert, es zu leben, selbst wenn das, an der statistischen Wahrheit gemessen, fürchterlicher Unsinn ist« (Jung GW Bd. 10, § 198). Diese Ätiologievariante steht dem vom bereits genannten Psychoanalytiker und Entwicklungspsychologen D. W. Winnicott beschriebenen Konzept der Entwicklung eines ›falschen Selbst‹ (1894) nahe. Spontaneität und Intuition werden entweder zutiefst misstraut oder entwickeln sich nicht, Zukünftiges wird ausschließlich unter dem Gefahren- und Sorgeaspekt erlebt.

Schon Jolande Jacobi (1971) wies auf den Zusammenhang zwischen psychopathologischen Symptomen und Individuationsproblemen hin, etwa wenn sie den Individuationsprozess bei Psychosen als vollständig blockiert, bei Suchterkrankungen als unterbrochen oder als künstlich, infantil, falsch oder, etwa durch zu frühen Tod, abgebrochen betrachtet. Hier die Problembereiche im Einzelnen:

a) Jung weist darauf hin, dass es notwendig sei, »*bewußt* zur Macht der ihm entgegentretenden inneren Bestimmung ja sagen« zu können (1934, GW Bd. 17, § 308). Eine Individuationsaufgabe wird häufig nicht angenommen, d. h. es wird versucht, die unvermeidlichen Lebenskrisen mit den in ihnen verborgenen Individuationsthemen zu umschiffen, einen ›psychologischen Bypass‹ um Schwierigkeiten und Entwicklungsaufgaben zu legen oder diese gar ganz zu vermeiden oder zu ignorieren. Auch die klassischen psychoanalytischen Abwehrmechanismen wie Verdrängung, Verleugnung, Projektion etc. kommen hier ins Spiel, um notwendige Entwicklungsanforderungen vom Bewusstsein fernzuhalten. Die Folge sind die zum *puer aeternus* oder zur *puella aeterna* gehörenden Symptome (▶ Kap. 7.1), die sich modern-diagnostisch ausgedrückt in narzisstischen oder histrionischen Symptomen äußern. Marie Luise v. Franz (2002) führt sie auf eine zu starke Bindung an das gegengeschlechtliche Elternteil, auf einen Mutter- bzw. Vaterkomplex zurück.

b) Ein Individuationsstillstand, bedingt z. B. durch eine übergroße Angst vor Veränderungen oder durch ein zunächst unüberwindbares Individuationshindernis (etwa ein schweres Trauma), bindet die Libido, der »Trieb zur Selbstverwirklichung« (1935, GW Bd. 7, § 291) ist blockiert (vgl. hierzu auch aus der modernen psychotherapeutischen Prozessforschung Plassmann 2013).

## 17 Persönliche Entwicklung und soziale Entwicklung

»*Individuation schließt die Welt nicht aus, sondern ein.*«
(Jung GW Bd. 8, S. 258)

Die Arbeit an der Individuation folgt einer zunächst notwendigen »Selbstentäußerung zugunsten des Kollektiven« (Jung 1916, GW Bd. 7, § 267) nach. Zunächst geht es um das Leben innerhalb der Gesellschaft und um den teils auch identifikatorischen Umgang mit ihren Normen und Regeln. Gleichzeitig mit der Notwendigkeit der Loslösung aus kollektiv-unbewussten Bestimmtheiten fordert die Individuation dann die Rücknahme dieser Gesellschaftsanpassungen, wobei fast paradox und auch quasi ungewollt und indirekt, »eine genügende Berücksichtigung der Eigenart des Individuums eine bessere soziale Leistung erhoffen lässt« (ebd., § 267).

Die Individuationsaufgaben sind zunächst eine »innere Arbeit« (Stein 2005). Trotzdem weist Jung bereits in seinen Definitionen 1921 (GW Bd. 6) auf die enormen Verwicklungen zwischen Gesellschaftlichem und Individuellem in Bezug auf die Individuation hin. Dies zum einen, weil Individuation den Anderen und die Beziehung zu ihm erfordert (▶ Kap. 8), zum anderen, weil ein ›Ergebnis‹ des Individuationsprozesses eine besondere Beziehung zur Sozietät beinhaltet: »Die Individuation befindet sich immer mehr oder weniger im Gegensatz zur Kollektivnorm, denn sie ist Abscheidung und Differenzierung vom Allgemeinen und Herausbilden des Besonderen […]. Der Gegensatz zur Kollektivnorm ist aber nur ein scheinbarer […]. Die Individuation führt daher zu einer natürlichen Wertschätzung der Kollektivnormen, während einer ausschließlich kollektiven Lebensorientierung die Norm in zunehmendem Maße überflüssig wird, wodurch die eigentliche Moral zugrunde geht« (GW Bd. 11, § 747).

Jung kommt hier zu seiner weitreichenden Ansicht, Moralitäten entstehen durch eine Abwendung von kollektiven Lebensorientierungen und einer Hinwendung zum Inneren, zu dem, was er die *vox dei*, die Stimme Gottes im Menschen nennt.

Von Anfang an legte Jung seine Idee von Individuation und Finalität auch als Gesellschaftskritik an und bis in die heutigen postmodernen Zeiten bleibt sie eine anstößige Konzeption etwa dadurch, dass sie den äußeren Gegebenheiten eine untergeordnete Bedeutung für die Richtung des Individuationsverlaufs zuschreibt und etwas schicksalhaft Angelegtes in uns nach vorne bringt. Jungs Individuationsidee ist, v. a. wegen den Persona- und Schattenkonzepten, kultur- und gesellschaftskritisch. Sie zeigt die unbewussten kollektiven Sozialisationsbedingtheiten und ihre innerseelischen Spuren auf und fordert ihre Bewusstmachung und Überwindung in einem emanzipatorischen Akt der Selbstbestimmung. Jung selbst wies an mehreren Stellen auf die notwendige Gegnerschaft der Psychotherapie, die »sich das Recht herausnähme, einem Menschen zur Erfüllung seiner natürlichen Bestimmung zu verhelfen« (1941, GW Bd. 16, § 225) – eine schöne und prägnante Formulierung für eine individuationsorientierte Psychotherapie – zu allen gesellschaftlichen Totalitätsansprüchen hin. Durch das für die Individuation notwendige Integrieren kollektiver Anteile in das eigene Selbst entsteht das Paradox, das Selbstwerdung zugleich und automatisch eine Vergrößerung des Zugehörigkeitsgefühls zur Sozietät, aber auch zum ›Großen Ganzen‹ bewirkt.

In diesem Zusammenhang ist auch die sozialpsychologische Frage der Individuation von Gruppen oder gar ganzen Gesellschaften relevant. Schon Jacobi (1971) wies darauf hin, dass das archetypische Heldenschicksal das Ichbewusstsein eines Einzelnen, aber auch ein Gruppenbewusstsein betreffen kann. Wie wir aus der psychoanalytischen Gruppendynamik wissen, befinden sich etwa therapeutische Gruppen durchaus in einem gemeinsamen Entwicklungsprozess, der nicht ausschließlich als Summe der Entwicklungen der einzelnen Gruppenmitglieder aufzufassen ist. In längeren gruppentherapeutischen bzw. Selbsterfahrungsprozessen ist durchaus zu beobachten, dass die Aufgabe der Individuation auch Aufgabe der Gesamtgruppe ist. Dies betrifft in erster Linie die Schattenauseinandersetzung. Jede Gruppe oder Gesellschaft trägt einen kollektiven Schattenaspekt mit sich, der nach außen oder auf einzelne Mitglieder der Gruppe projiziert wird und der bewusst gemacht und integriert werden soll. Die mythologischen Erzählungen der Individuation von Gruppen sind etwa die Geschichten von Artus› Tafelrunde oder den zwölf Aposteln. In beiden Fällen wird deutlich, wie die Gruppe, zunächst angeregt durch einen Führer, beginnt, sich anhand der Individuationsaufgaben zu entwickeln und wie im Laufe dieser Gruppenindividuation auch jedes einzelne Gruppenmitglied seinen höchst eigenen Individuationsweg findet und beschreitet.

An dieser Stelle sei auch auf die grundlegenden Chancen der aktuellen gesellschaftlichen Konfrontation mit dem Fremden, vornehmlich in Gestalt einwandernder und/oder schutzsuchender Menschen, die in unser Land kommen, hingewiesen. Verena Kast (2017a) stellt eindrücklich dar, wie das uns begegnende innere *und äußere* Fremde zu Angst und Verunsicherung und schließlich, über deren Aushalten, zur Identitätsentwicklung führen kann. Es ist nicht selten der Treibstoff der Individuation. In eingeschränkter und wesentlich kontrollierterer Form spüren wir das auch in der Reiselust und den Urlauben in fremden Ländern. In der aktuellen Philosophie beschreibt etwa Byung Chul Han (2016) die Bedeutung des Fremden, in seinen Worten des Anderen, für die menschliche Entwicklung.

## 17.1 Ausbildungsinstitute individuationstheoretisch betrachtet

»*Gott sei Dank bin ich Jung und nicht ein Jungianer*«
(Jung, zit. nach Stein 2003, S. 102)

Das bisher zum Zusammenhang zwischen Individuation und Gesellschaftsentwicklung Gesagte verlangt nach einer sozialpsychologischen ›Selbstanwendung‹ auf die in unserem Fachgebiet vorherrschende Institution, nämlich das analytische bzw. psychotherapeutische Ausbildungsinstitut. Das Zitat unter der Überschrift dieses Kapitels wird Jung zugeschrieben, als er den Ausbildungsplan des ersten Jung-Institutes in Küsnacht zur Kenntnis nahm (z. B. Stein 2003). Die Gefahr zu imitieren, statt seinen persönlichen Weg zu finden, ist groß (ebd., S. 11) und der Konflikt zwischen einer personahaften Zugehörigkeit zu einem Institutswesen mit all seinen Normen und Regeln auf der einen Seite und der unbedingten Forderung, den ganz eigenen, einzigartigen und mit der Gesamtpersönlichkeit stimmigen Stil als Psychotherapeut zu entwickeln, auf der anderen Seite, gehört konstituierend zur institutionalisierten Ausbildung. In diesem Dilemma befinden sich die Ausbildungsteilnehmer, in besonderem Maße aber auch die Supervisoren eines Institutes.

## 17.2 Individuation und Supervision

Das Thema der Supervision im Allgemeinen und der Ausbildungssupervision im Besonderen wurde in der deutschsprachigen Jung'schen Community lange Zeit nur vereinzelt (z. B. Otscheret 2004), in jüngster Zeit im Zusammenhang mit der Frage nach einer curriculären Supervisionsausbildung nun aber verstärkt (Vogel 2016c) diskutiert. Dabei lassen sich mehrere Bezüge zur Theorie der analytischen Psychologie herstellen:

1. Das Supervisionsverhältnis als archetypisches Meister-Schüler-Verhältnis

Eine faszinierende Darstellung eines (supervisorischen) Meister-Schüler-Verhältnisses gibt es in der Science-Fiction Saga ›Star Wars‹. Luke Skywalker, der Held des Abenteuers, wird auf seinem Weg zum Jedi-Ritter (in unserem Zusammenhang also zum Psychotherapeuten/Psychoanalytiker) von zwei ›Supervisoren‹ begleitet, Meister Joda und Meister Obiwan Kenobi. Beide müssen sterben, um internalisiert zu werden und um aus Skywalker einen Jedi zu machen, der über die Fähigkeit dieser Gilde verfügt, aber doch ein ganz Anderer ist als seine beiden Meister.

2. Supervision als Konstellation des Mutterarchetyps

Sicher nicht in dem Ausmaß wie in der psychotherapeutischen Begegnung, aber doch durchaus beobachtbar ist das Bemühen um ›mütterliche‹ Funktionen aufseiten des Supervisors, die im mütterlichen Archetyp gründen.

3. Der Supervisionsprozess als fokussierter Individuationsprozess

Folgende Individuationsaufgaben stehen im supervisorischen Geschehen obenan: Supervision hat zunächst die Ausbildung einer stabilen Therapeutenpersona zum Ziel. Sie erfolgt u. a. durch die Identifikation mit einer therapeutischen Schulrichtung, die dem eigenen Menschenbild und der eigenen Haltung zu Leid und seiner Linderung entspricht. Anschließend jedoch erfolgt, wie im Individuationsverlauf generell, deren Relativierung durch Entwicklung der eigenen therapeutischen Art und Weise. Supervision (und natürlich die Lehrtherapie) dient auch der Auseinandersetzung mit dem therapeutischen Schatten. Schließlich erfolgt der Aufbau eines »inneren Supervisors« analog des ›inneren Begleiters‹ und als Ausdruck der partiellen Internalisierung des Supervisors.

4. Erweiterung des ursprünglichen Hochzeitsquaternios mit Einsteigen des Supervisors ins therapeutische Beziehungs-›Bad‹ (Eintritt ins *vas hermeticum*, ins ansonsten verschlossene ›Gefäß‹ der therapeutischen Dyade).

# 18   Affekte des Individuationsprozesses

Jung bezeichnet »die Erfahrung des Individuationsprozesses« als »numinos« (1940, GW Bd. 11, § 448) und benutzt hier einen Begriff aus der Religionsphilosophie Rudolf Ottos (1869–1937), der damit die Eigenschaften des Heiligen ausdrückt (Otto 1917/2004). Jung beschreibt mit dem Numinosen das bleibend Geheimnisvolle und nie ganz Wissbare, das erahnt, erspürt oder anderweitig intuitiv erfasst werden muss. Verschiedene allgemein menschliche Affekte sind eng assoziiert mit dem Individuations- und v. a. dem Finalitätsgedanken, so z. B. die Faszination, die Sehnsucht und die damit oft verbundenen ›Sehnsuchtsorte‹. Das Problem liegt hier in einer zu konkretistischen Auffassung der Sehnsuchtsziele. Zum Thema der Sehnsucht gehört auch das Phänomen der Anziehungskraft, die manche Menschen, aber auch Dinge und Ideen für uns haben können. Auch sie sind zu hinterfragen nach ihrer ›inneren‹ Botschaft bzgl. des eigenen Weges. Auch Neid, Eifersucht oder Ehrgeiz sind oft der Individuation zugeordnet, weisen sie doch darauf hin, dass uns etwas fehlt und richten uns so nach vorne aus. Ebenso gehören Zufriedenheit, Freude und Glück zu den individuationsassoziierten Affekten. Zufriedenheit entsteht unter dem Blickwinkel der Individuation nicht durch das Erreichen irgendeines Ziels, sondern durch das Erlebnis, auf dem Weg zu sein, auf dem höchsteigenen Weg eben. Euphemistischere Autoren (z. B. Bucay 2015) glauben gar, dass darin sogar das Glücksgefühl begründet wäre.

Scham entsteht in Jung'scher Terminologie v. a. durch eine übermäßige Identifikation mit der Persona. Dadurch ist ein Angriff auf sie gleichzeitig eine Attacke auf das gesamte Selbst, die Identität. Und diese ist mit Angst und Scham verbunden. Schuld kann im Gegensatz dazu gelesen werden als affektive Folge eines nicht im Einklang mit seinen Individuationsaufgaben gelebtes Leben.

# 18 Affekte des Individuationsprozesses

Verena Kast (2017a) beschreibt die Faszination und das Interesse als Antriebskräfte der Individuation. Es sind dies zwei der zunächst wertneutralen Affekte im Umfeld des Individuationsgeschehens und sie können sowohl positive als auch negative Entwicklungen, etwa in Richtung von Hass oder Abscheu, in Gang setzen. Auf den verschiedenen Etappen des Individuationsweges kommt es immer wieder zur Erfahrung von innerem (Seelen-)Frieden und einem Gefühl, angekommen zu sein. Aber zugleich entsteht Angst, etwa vor dem beständigen Abschied-nehmen-müssen und dem Unbekannten, häufig verbunden mit einem biograpiegeschichtlich verständlichen Mangel an Vertrauen darin, dass sich die seelische Energie vorwärtsentwickelt und/oder dass diese Entwicklung positiv verlaufen könnte. Schließlich ist auf die Individuationsaffekte der Hoffnung und der Hoffnungslosigkeit (z. B. Landsberg 1935) hinzuweisen. Hoffnung kann dabei als der »Gegenpol der Angst« (Kast 2015, S. 80) definiert werden.

## 18.1 Individuation und Authentizität

> »Ein Lebensweg mag von gewissen Situationen aus noch so sehr determiniert scheinen, er trägt doch stets alle Lebens- und Wandlungsmöglichkeiten in sich, deren der Mensch selbst irgend fähig ist«
> H. Hesse (2008, S. 26)

Verena Kast benennt »unser Ringen um Individuation, um das eigene Leben, soweit das überhaupt möglich ist…« (2016, S. 152) und bringt den Individuationsgedanken damit in die Nähe humanistischer ›Echtheits‹- oder existenzialistischer Authentizitätskonzepte. Authentizität entsteht, folgt man Jung, durch die bewusste Entwicklung eines Kontakts zu unserem übergeordneten, archetypisch durchdrungenen Selbst: »Individuation heißt nicht, dass Sie ein Ich werden, dann wären Sie ein Individualist. Individuation bedeutet das zu werden, was nicht Ich ist, und das ist merkwürdig […]. Im Verlauf des Individuationsprozesses entdeckt das

## 18.1 Individuation und Authentizität

Ich, dass es nur ein Anhängsel des Selbst und nur locker mit ihm verbunden ist« (Jung 1932, S. 102).

Emotional geht es um ein Streben nach dem, was ›in Einklang mit sich sein‹ bedeutet. Dieses Streben geht aus vom Hier und Jetzt, beginnt also mit einer ›Bestandsaufnahme‹. Das ›Werde, der du bist‹ fängt an mit einem ›Sei, der du bist‹, es bricht also das endgültige Authentizitätsziel erst einmal herunter auf ein aktuelles Echtheitsziel, auf eine Zustimmung zu mir im gegenwärtigen Lebensmoment.

Mit vielen philosophischen und theologischen Systemen geht die Analytische Psychologie von einer »gegebenen individuellen Bestimmung« (Jung 1916, GW Bd. 7, § 267) des jeweils einzelnen Menschen aus. Es ist der »Mensch (der) mit den ihm von der Natur gegebenen Gaben sich zu verwirklichen sucht« (Hesse 2008, S. 18). Authentizität bedeutet dann auch im Einklang sein mit seinem Schicksal, auch wenn dieses nicht immer uneingeschränkt gutgeheißen werden muss. Die Analytische Psychologie nähert sich damit einschlägigen philosophischen und religionspsychologischen Schicksalsdefinitionen: »Zwei grundlegende Schicksalskonzepte werden hier bereits deutlich: Zum einen, und das ist der unspektakuläre Gebrauch des Terminus, ist das Schicksal die *peregrinatio*, der Pilger- oder Lebensweg des Menschen, der Lebenslauf, der aus äußeren Bedingungen und inneren Motivationen erwächst. In der Terminologie der Analytischen Psychologie C. G. Jungs ist damit der Individuationsweg gemeint, der jeden Menschen über das Bestehen von Entwicklungsaufgaben zu seinem eigentlichen Selbst reifen und werden lässt« (Vogel 2014, S. 2). Es ist das oben bereits genannte Rilke'sche Schicksal, das aus dem Menschen selbst heraustritt. »Zum anderen aber wird das Schicksal zum Synonym für eine höhere Gewalt, die oft bei genauerem Hinsehen (religiös) personifizierbar ist, etwa in *Ananke*, der griechischen Schicksalsgöttin, oder im unergründlichen Ratschluss eines alttestamentarischen Vatergottes. Die römische Stoa wie die christlichen Theologien gehen etwa von einer für den Menschen kaum begreifbaren, von anderen Mächten gelenkten Vorsehung aus. Das Schicksal ist das Los eines Menschen, es ist das Unausweichliche und damit – wie, warum und von wem auch immer – weitgehend vorbestimmt. So meint C. G. Jung bereits 1916: ›Wir wissen aber, dass es keine menschliche Voraussicht oder Lebensweisheit gibt, welche uns in den Stand setzen könnte, unserem Leben eine vorgeschriebene Richtung zu geben, außer auf kleinen Wegstrecken… Das Schicksal steht vor ihnen [den Menschen, Anm. d. Verf.] verworren und überreich an Möglichkeiten, und doch ist nur eine von diesen Möglichkeiten ihr eigener und richtiger Weg‹ (Jung 1916, GW Bd. 7 § 72)«. (Vogel 2014, S. 3)

# 19 Individuation als klinisch-psychologischer Begriff

In diesem Kapitel sollen nun die konkreten, therapiepraktischen Nutzungsmöglichkeiten des Individuationskonzeptes Jungs aufgezeigt werden. Diese beziehen sich sowohl auf das direkte therapeutische Handeln selbst wie auch, und das in erster Linie, auf die Entwicklung einer therapeutischen Haltung, die dem Individuationsgedanken entspricht.

## 19.1 Individuation als therapeutische Prozesstheorie

> »Der Prozess ist das magische Amulett des Therapeuten und in Zeiten der Teilnahmslosigkeit immer wirkungsvoll. Er ist das mächtigste Geschäftsgeheimnis des Therapeuten, ist die Prozedur, die das Gespräch mit einem Therapeuten grundlegend von dem Gespräch mit einem engen Freund unterscheidet und effektiver macht als dieses.«
> (Yalom 1998, S. 67)

Die akribische und systematische Beachtung des therapeutischen Prozesses unterscheidet psychoanalytisch abgeleitete Therapieformen von denen anderer therapeutischer Schul- und Denkrichtungen oft grundlegend. Psychoanalytische und psychotherapeutische Autoren mit unterschiedlicher theoretischer psychodynamischer Schwerpunktsetzung betonen die Notwendigkeit einer prozessorientierten Behandlungstechnik (z. B. Plassmann 2012). Die psychotherapeutische Verlaufsforschung ist der akademische Forschungszweig, der sich in erster Linie mit dem therapeutischen

Prozessgeschehen auseinandersetzt. Er ersetzt dabei zunehmend die vergleichende Wirksamkeitsforschung und orientiert sich oft am Einzelfall (Video/Stundenbogen), meist allerdings im Rahmen psychometrischer Forschung (Verteilung von Fragebögen zu bestimmten Zeiten des Prozesses).

Mehrere Prozessmodelle sind derzeit auf dem psychotherapeutischen Praxologie-›Markt‹ zu finden. Es sind dies

- Lineare Modelle (manualisierte VT)
- Phasenmodelle
- Wachstumsmodelle
- Zyklische Modelle
- Beziehungsorientierte Modelle

In der klassischen Psychoanalyse finden wir häufig die Abfolge Herstellung einer therapeutischen Allianz, Aufbau einer Übertragung, Deutung der Übertragung, Durcharbeiten und schließlich eine Beendigungsphase. In der Selbstpsychologie entwickelte sich wohl das derzeit elaborierteste Beziehungsdenken der modernen psychoanalytischen Schulrichtungen. Hier geht es um den Aufbau einer empathischen Bezogenheit, sodann die Übernahme von Selbstobjektsfunktionen mit einem unausweichlichen Empathiebruch, die sog. »Schuldlose Verantwortungsübernahme« des Therapeuten mit der dadurch möglichen »umwandelnden Verinnerlichung« von Selbstobjektsfunktionen und schließlich einer Beendigungsphase. Der therapeutische Prozess ist gefasst als komprimierte Entwicklungspsychologie.

Die Analytische Psychologie formuliert den therapeutischen Prozess grundlegend anders, wenn auch einige Wahrheiten der Psychoanalyse, etwa die zentrale Bedeutung der therapeutischen Beziehung, beibehalten werden. Der therapeutische Prozess besteht hier in der Bearbeitung der Individuationsaufgaben in der und durch die therapeutische Beziehung. Die Individuationstheorie ist damit im weiteren Sinne auch die übergreifende therapeutische Prozesstheorie der Analytischen Psychologie. Sie teilt sich auf in die Betrachtung des therapeutischen Verlaufs anhand der Individuationsaufgaben (Individuation i. e. S., ▶ Kap. 9.2), die Betrachtung des Prozesses anhand der alchemistischen Phasen sowie die Sichtweise des therapeutischen Ablaufs anhand des alchemistischen Beziehungsquaternios (▶ Kap 8.).

**Abb. 5:** Die Individuation als therapeutischer Prozess

Der therapeutische Prozess ist somit bestimmbar als komprimierter Lebensweg, als Individuation unter maximal förderlichen Bedingungen. Gleichzeitig ist der Fluss der Individuation auch das letztendliche, dynamische Ziel des therapeutischen Arbeitens.

## 19.2 Wandlung statt Veränderung

> »*Letztlich ausschlaggebend ist die Wandlung des Individuums. Sie ist Ziel und Gipfelpunkt aller Bemühungen von Theologie und Großer Psychotherapie*«
> (Bittner 1956, S. 5)

Der Wandlungsbegriff, meist in seiner latinisierten Bezeichnung als »Transformationsprozess«, taucht in der Entwicklung der Psychoanalyse

## 19 Individuation als klinisch-psychologischer Begriff

in unterschiedlichen Kontexten auf (z. B. Bion 2016) und ist inzwischen zu einem Schlüsselbegriff in der modernen psychotherapeutischen Prozessbetrachtung geworden (Plassmann 2013). Jung beschreibt den Individuationsweg schon früh als Weg der Wandlung(en). Der Wandlungsbegriff ist v. a. aus vielen spirituellen Traditionen bekannt (vgl. z. B. die Transsubstantiation der Hostie in der katholischen Messe) und durchzieht Jungs Werk seit seinem, ihn von Freud endgültig scheidenden und bereits genannten Hauptwerk ›Symbole der Wandlung‹ (1954 GW Bd. 5). Dessen erster Teil war bereits ein Jahr zuvor unter dem Titel »Wandlungen und Symbole der Libido – Beiträge zur Entwicklungsgeschichte des Denkens« im »Jahrbuch der psychoanalytischen und psychopathologischen Forschung« erschienen. Dies gilt auch, wenn in diesem Werk der Begriff ›Wandlung‹ vorwiegend in kulturpsychologischen Zusammenhängen erscheint und Jung die Begriffe Wandlung und Veränderung nicht so sauber trennt, wie wir es nun tun. 1941 beschreibt er den Wandlungsprozess, wie bereits angemerkt, akribisch anhand der katholischen Meßsymbolik (GW Bd. 11) und entwickelt darin seine zentralen Vorstellungen des Individuationsgeschehens weiter, wie etwa die Alchemie-Metapher und die Opfernotwendigkeit (▶ Kap. 8).

Aus dem Individuations- und Finalitätskonzept ergibt sich konsequenterweise auch als jungianische therapeutische Prozesstheorie statt einer Veränderungstheorie eine *Wandlungs*theorie, eine Theorie des Ablaufs verschiedener Wandlungs*ketten* (Jacobi 1971). Veränderung erfolgt anhand folgender fünf Aspekte. Veränderung ist

- schrittweise, auf (Zwischen-) Ergebnisse und Erfolge ausgerichtet
- anschaubar und operationalisierbar zu formulieren
- vorwiegend linear anzugehen
- meist bewusst oder zumindest bewusstseinsfähig
- betrifft Einzelne, aber auch große und kleine Gruppen

Wandlung hingegen ist gekennzeichnet als ständiger Wachstums-, Entwicklungs- und Reifungsprozess. Auch Zeiten des Stillstands oder des sehr langsamen Voranschreitens gehören dazu und erfordern die für das Individuationsgeschehen so wichtige Fertigkeit, auch anhalten, innehalten und aushalten zu können. Der Wandlungsgedanke widersetzt sich damit einer reinen therapeutischen Effektivitäts- und Geschwindigkeitslogik: »Das Reifen ist eine Zeitlichkeit, die uns heute immer mehr abhandenkommt«, so Byung Chul Han (2016, S. 10).

In diesen Wachstums- und Reifungsvorgängen gibt es ausmachbare »Umschlagssituationen«, Situationen, die das Leben eines Menschen sehr deutlich in ein »Vorher« und ein »Nachher« strukturieren, Menschen erleben sich deutlich verändert. »Noch deutlicher wird das Erleben, dass ein Neubeginn stattfinden kann, bei Menschen in einer Krise, bei denen erfolgreich eine Entängstigung in der Krise erfolgte und die dadurch wiederum Zugang zu ihren Ressourcen gefunden hatten« (Kast 2007, S. 58).

Wandlung erfolgt auch organisch. Mit dem Begriff des Organischen ist die Nähe der Wandlungsidee zum Gebiet des Wachsens angesprochen. Organisches Wachstum (etwa einer Pflanze) ist nur schwer vorhersehbar, kennt Moratorien und Wachstumsschübe, kann kaum beschleunigt werden, ist meist eher krumm und unterliegt keiner Gesetzmäßigkeit. Dass der Individuationsprozess und damit auch der analytisch-therapeutische Prozess diesen Wachstumsgesetzen unterliegt, ist für Therapeuten wie für Patienten ein wichtiges Wissen, um eine gewisse Gelassenheit gegenüber den oft dramatischen und verunsichernden Individuationsphasen zu entwickeln. Wachstum ist zudem oft irrational, folgt eben nicht immer logischen Regeln und fordert eine Kontrollabgabe an einen intrinsischen Prozess.

Wandlung verläuft vorwiegend zyklisch: Individuation, Selbstfindung, Bewusstwerdung sind nicht ein geradliniger Prozess, ein Fortschreiten, sondern ein »Tanz um ein Zentrum, dem man sich annähert und von dem man sich wieder entfernt« (Guggenbühl-Craig 1993, S. 88). Auch etablierte psychotherapeutische Prozessmodelle betonen heute zunehmend den nicht-linearen Charakter des therapeutischen Geschehens und schreiben ihm z. B. musikalische Eigenschaften zu (z. B. Plassmann 2010). Bereits bei der Darstellung der Heldenreise als Amplifikation des Individuationsmotives wurde auf den zyklischen Verlauf der archetypischen Wandlungsphase hingewiesen (▶ Kap. 7). Diese zyklische Idee weist auf die generelle Unabgeschlossenheit des Individuationsgeschehens hin: »The imperative to individuate therefore never comes to a final resting place where one can say ›It is done‹. It is an ongoing opus, that is never final, never complete« (Stein 2006, S. 15). Das (Ganzheits-)Ziel ist auch als Idee einer ›Vollständigkeit‹ des Menschen zu betrachten, es ist als eigentliche Utopie (Kast 2015) nicht wirklich ›zum erreichen da‹, es dient vielmehr zur inneren Ausrichtung, zur Festlegung des zu gehenden Weges: »Sich selbst zu kennen ist ein Prozess, eine unerschöpfliche Aufgabe, eine Herausforderung, die niemals vollständig erfüllt sein wird« (Bucay 2015, S. 77). Individuation ist zielorientiert, aber in keiner Weise an die Erreichung eines Ziels gebunden. Hinzu kommt, dass Wandlungsvorgänge meist unbewusst verlaufen, leichter spontan ›passieren‹ und dann bewusst hergestellt werden. »Wir alle wissen, dass Wandlung nicht ›gemacht‹ werden kann […]. Wandlung kann nur geschehen und wir können bestenfalls die Bedingungen dafür schaffen« (Bittner 1956, S. 6).

Wandlungen benötigen eine geschehen-lassende Akzeptanz: »Zum Individuationsprozess gehört, sich einverstanden zu erklären mit dem, was man ist« (Kast 2015, S. 14). Und Wandlungen betreffen immer das spezifische Subjekt. Zur Vorstellung einer (therapeutischen) Wandlung und Individuation gehören in der Analytischen Psychologie das Wissen um die jeweils »einzigartige Form« der Individuation (v. Franz 1985), d. h. das unbedingte Bestehen auf eine einmalige, genau auf den gerade hier sitzenden/liegenden Patienten abgestimmte Art des Weges: »Veränderung hat das Ziel, dass ich ein anderer Mensch werde. Verwandlung dagegen zielt darauf hin, dass ich ganz ich selbst werde, mehr und mehr dieser einmalige Mensch, der ich bin« (Grün 2016a, S. 9). Jung sieht eine derart individualisierte Behandlungsform als ethisch, aber auch wissenschaftlich einzig vertretbar (1935, GW Bd. 16 § 3). Dies ist besonders zu betonen, weil man der Individuationstheorie wegen des hier vorgestellten Fokus der psychotherapeutischen Arbeit auf die zentralen Individuationsaufgaben eine fast standardisierte psychotherapeutische Technik unterstellen könnte. Nichts ist weniger wahr, sind doch, wie immer, wenn wir es mit archetypischen Kräften zu tun haben, die Individuationsmotive zwar bei jedem Menschen gleich, die Konsequenz dieser Tatsache im Leben und Leiden eines jeden einzelnen Menschen kann aber verschiedener nicht sein und ist bestimmt von Konstitution, Biographie, Kultur und Gesellschaft. Dies gilt auch und gerade für das in seiner höchst eigenen Ausgestaltung zu findende Ganzheitsziel. Menschen, die sich diesem Ziele nähern, werden – paradox wie das Individuationsgeschehen an sich – zwar ähnlicher in grundlegenden Gefühlsqualitäten wie Zufriedenheit und dem Gefühl, ›angekommen zu sein‹, in ihren Persönlichkeiten unterscheiden sie sich jedoch und werden ›höchst eigen‹.

Die zum Wandlungsgedanken gehörige therapeutische Haltung ist ein auf die schöpferisch voranschreitenden Prozesse der Individuation vertrauendes »aktives Warten, bei dem man dem Menschen eine Möglichkeit gibt, den schöpferischen Impuls aus dem Unbewussten zu entbergen, auf den man geduldig und erwartungsvoll hofft« (Kast 2015, S. 57; ▶ Kap 19.3).

Ein Wandlungsgeschehen ist zudem nie endgültig. Verena Kast weist auch darauf hin, dass der Individuationsprozess auch immer ein Annäherungsprozess ist. »Es ist eine Annäherung, jede Wandlung, die wir erleben, ist auf Korrigierbarkeit angelegt, ist vorläufig« (Kast 2012, S. 10).

## 19.3 Achtsamkeit und Aufmerksamkeit

Ein individuationsorientiertes Denken unterlegt die aktuell vom Patienten eingebrachten Themen beständig mit den Themen des Individuationsprozesses. Dadurch wird, wie bei allen anderen Therapieformen, der Patient mit einem bestimmten Menschenbild und damit mit einem bestimmten Bild vom Leiden konfrontiert. Ganz im Sinne eines modernen ›informed consent‹ plädiert Jung schon 1945 dafür, dieses Menschenbild dem Patienten nicht vorzuenthalten, sondern es ihm offen zu kommunizieren und, modern ausgedrückt, ›psychoedukatorisch‹ zu arbeiten (Jung 1945, Bd. 16, § 218). Zunächst allerdings ist es v. a. für uns westliche, auf ein äußeres ›Machen‹ ausgerichtete Therapeuten eine Herausforderung, mit einem Begriff zu hantieren, der trotz möglicher unterstützender Handlungen (▶ Kap. 19.4) zunächst auf Vertrauen basiert. Ein Vertrauen in ein »spontan ablaufendes Geschehen, innerhalb unseres psychischen Raumes mit unbewusster Triebfeder« (Jung 1935, GW 16, § 11), ein Geschehen »deo concedente« (Jung 1999, S. 94). Die Individuation ist also zunächst ein innerer Prozess und verlangt deshalb primär die Introspektion, eine »progressive Einsicht, der Prozess, der sich aus dem vorurteilslosen, aktiv auf das Innere gerichteten Blick ergibt« (Bucay 2015, S. 78). Unabdinglich ist aber auch das bereits genannte daoistische *wu wei*, das psychische ›Geschehenlassen‹ und auf (therapeutische) Planungen zunächst so weit wie nur irgend möglich zu verzichten.»To plan is to go against the tao«, meint die kanadische Jungianerin Christine Becker (2014, S. 33) und Jung betont »Das ›Deo concedente‹ ist kein ästhetischer Stil, sondern drückt eine bestimmte Einstellung des Menschen aus, der sich nicht einbildet, es unter allen Umständen besser zu wissen und der sich dessen bewusst ist, dass er im vorliegenden unbewussten Stoff ein Lebendiges vor sich hat…« (Jung 1946, GW Bd. 16, § 386). In (wieder) modernen religiösen Termini handelt es sich um Absichtslosigkeit oder auch um Vertrauen und Hingabe.

Da, wie oben bereits dargestellt, ein enger Zusammenhang zwischen Individuationshindernissen wie auch Sinn- bzw. Zielverlusten und psychischer Erkrankung besteht, ist es naheliegend, das zum Individuationsprinzip gehörende Wandlungsdenken zu einem leitenden Gedanken des psychotherapeutischen Handelns zu machen, d. h. zu versuchen, im Patienten Wandlungsprozesse zu initiieren und in Gang zu halten. Das Ergebnis einer solchen Therapie ist dann eben nicht eine einfache lineare Veränderung hin zu maximaler Symptomfreiheit. Eine psychische Symptomatik wird sich allerdings im Laufe einer an den Individuationsaufgaben orientierten analytischen Therapie (ver-) wandeln, andere Bedeutungen annehmen und so in ihrer Intensität auch weniger drängend wahrgenommen werden. Eine Verbesserung auf der ›Symptomskala‹ erfolgt also indirekt, oft auch anhand einer Umbewertung der Symptomatik als Individuationsaufforderung oder gar -ermöglichung. Der Künstler und weltbekannte Modedesigner Wolfgang Joop hat diesen Prozess bzgl. seines depressiven Erlebens in einem sehr offenen Text aus dem Jahre 2012 folgendermaßen dargestellt:»Mein treuer Begleiter war die Melancholie, ein Begleiter, dessen Anwesenheit ich erst in den letzten Jahren schätzen lerne. Er – oder besser sie –verlieh mir diese Vorstellungskraft, die den Menschen zu Eigen ist, die sich vor allem das Ende, den Abschied vorzustellen vermögen. Das ließ mich genauer schauen, genauer fühlen, noch mehr staunen über das, was sich mir bot« (Joop 2012, S. 12).

Die moderne psychotherapeutische Prozesstheorie unterscheidet ein bifokales Sehen von Inhalt, also das von Patienten größtenteils verbal

Mitgeteilte, von einem Prozess, meist als Beziehungsgeschehen zwischen Patient und Therapeut im Hier und Jetzt definiert (z. B. Plassmann 2009). In der zeitgenössischen psychoanalytischen Behandlungstheorie geht es v. a. darum, die innerseelische Situation des Patienten, aber auch daraus entstehende interaktionelle Folgen, zu einem Geschehen innerhalb des Behandlungsraumes zu machen. Es erfolgt eine ›Umwandlung‹ von Konflikt- und Strukturproblemen in die Übertragungs-Gegenübertragungs-, also Beziehungssituation zwischen Therapeut und Patient. In jungianisch-individuationsorientierter Sicht würden wir hingegen die Inhalte, die der Patient bringt, nicht nur im Hier und Jetzt der therapeutischen Beziehung, sondern auch als Ausdruck der Individuationsaufgaben verstehen wollen. Der gängige bifokale Weg würde also ergänzt durch die Frage: »Was bedeutet das Gesagte und in Szene Gesetzte im Hinblick auf anstehende Individuationsaufgaben?« Auch im individuationsorientierten therapeutischen Arbeiten gibt es also eine Art Umwandlungsnotwendigkeit: Konflikthaftes, belastendes innerseelisches oder zwischenmenschliches Geschehen wird nun in den Zusammenhang des Individuationsprozesses eingeordnet und es wird gefragt: »Ist dieses oder jenes vom Patienten eingebrachte (Beziehungs-)Thema Ausdruck einer der zentralen Individuationsaufgaben (Rücknahme der Projektion, Relativierung der Persona, Schattenarbeit etc.), die entweder nicht wahrgenommen und angepackt, nicht bewältigt oder gar überhaupt nicht erreicht wurde?« Die finale Sicht des Menschen wie auch dessen Symptome werden nun leitender Gedanke. »Speziell der seelische Heilungsprozess kann nur vom finalen Gesichtspunkt her verstanden werden, während der kausale Gesichtspunkt jeweils eher die Diagnose liefert. Letzterer ist nach Ansicht Jungs allerdings weniger wichtig als in der physischen Medizin, weil die Diagnose nicht wie dort auch die Therapie indiziert; die Therapie muss meist unabhängig von der Diagnose gefunden werden« (v. Franz 2001, S. 88). Die dazu notwendige Haltung des Therapeuten kann als eine bestimmte Form der Aufmerksamkeit, bestimmbar als geistige Wachheit und Interesse für die Individuationserfordernisse des Patienten bezeichnet werden.

Die moderne Literatur zur psychotherapeutischen Praxis ist schulübergreifend bestimmt durch einige wenige Vokabeln, die, oft aus völlig anderen Denksystemen stammend, als für die Psychotherapie nützlich erkannt und teilweise gut empirisch überprüft worden sind. An prominenter Stelle steht dabei das Achtsamkeitskonzept, das den Begriff allerdings nicht alltagssprachlich meint, sondern ihn meist aus den meditativen, namentlich buddhistischen Traditionen entlehnt (vgl. z. B. Thich Nhat Hanh 2006, Reddemann 2011). Achtsamkeit wird dann definiert als »nicht-wertend auf den gegenwärtigen Augenblick gerichtet. Sie nimmt wahr, was ist, und nicht was sein soll.« (Anderssen-Reuster 2011, S. 1). Dieser Achtsamkeitspraxis ist im Sinne des jungianischen Individuationsgedankens eine Aufmerksamkeitspraxis beizugesellen. Sie wird, mit einigem Recht, bisweilen als »zum Bedeutungsspektrum von Achtsamkeit« zugehörig betrachtet (Wetzel 2011, S. 39), meint sie doch durchaus eine gewisse – reflektierte und bewusste – wertende Lenkung des Aufmerksamkeitsfokus, nämlich in Richtung der Individuationsaufgaben und der Möglichkeit, diese direkt oder symbolisiert zu erkennen. Gemeinsam ist beiden Konzepten sicher »ein grundsätzliches Wohlwollen gegenüber den beobachteten seelischen Inhalten« (Wirthgen 2011, S. 431).

Nötig ist die Konzentration auf innere Bilder – die sich durchaus und ausdrücklich aufgrund des Zulassens von Spontaneität und ›Tun im Nicht-Tun‹ (vgl. Kap. 6 u. 10) entwickeln –, wie auch die Wachheit gegenüber äußeren Entwicklungsaufgaben. Die Aufmerksamkeit des Therapeuten gilt natürlich den bewussten und unbewussten Äußerungen des Patienten und seiner eigenen Responsivität. Jedoch geht es auch darum, quasi ein ›rotes Lämpchen‹ einzubauen, das dann blinkt, wenn individuationsrelevante Ereignisse im Innern oder Äußern aufscheinen, und dies ist nicht selten der Fall. Das individuations- und finalitätsorientierte Konzept einer erhöhten und durchaus selektiven Aufmerksamkeit meint nichts anderes als die von Jung und der Psychoanalyse im Allgemeinen angestrebte erhöhte Bewusstwerdung. Sie ist, und hier kommt es wieder zu einer Annäherung an die Achtsamkeitspraxis, notwendige Praxis des Patienten wie auch des Therapeuten. Für aufmerksamkeitsfokussiertes Arbeiten gilt wie für die Achtsamkeit: Sie ist »eher eine Herausforderung und Aufforderung an die TherapeutInnen« (Reddemann 2010, S. 5) und erst im Therapieverlauf Ziel des Entwicklungswegs und des therapeutischen Prozesses der Patienten.

## 19.3 Achtsamkeit und Aufmerksamkeit

Zugehörig zu diesem Gebot der aufmerksamen Beziehungs- und Therapiegestaltung ist die sog. symbolisierende oder symbolische Einstellung, »welche die gegebene Erscheinung als symbolisch auffasst« als »Ausfluss einer bestimmten Weltanschauung, welche nämlich dem Geschehen, sei es im Großen oder Kleinen, einen Sinn beimisst und auf diesen Sinn einen gewissen größeren Wert legt als auf die reine Tatsächlichkeit« (Jung 1925, GW Bd. 6, § 899). Diese Art der aufmerksamen Bedeutungszuschreibung beschreibt Hermann Hesse eindrücklich in seinem Märchen ›Iris‹.

»Jede Erscheinung auf Erden ist ein Gleichnis und jedes Gleichnis ist ein offenes Tor, durch welches die Seele, wenn sie bereit ist, in das Innere der Welt zu gehen vermag, wo Du und Ich und Tag und Nacht alles eines sind. Jedem Menschen tritt hier und dort in seinem Leben das geöffnete Tor in den Weg, jeden fliegt irgendeinmal der Gedanke an, dass alles Sichtbare ein Gleichnis sei, und dass hinter dem Gleichnis der Geist und das ewige Leben wohne.« (Hesse 2006, S. 146)

Die symbolisierende Einstellung geht also auch davon aus, dass es möglich ist, unabhängig von den jeweiligen Möglichkeiten der gerade vorherrschenden Realsituation, auf dem Individuationsweg voranzuschreiten. »Selbstverwirklichung lässt sich praktisch unter beliebigen Umständen erreichen, solange man sein Leben als sinn- und absichtsvoll begreift und fähig ist, in dieser Richtung weiterzugehen.« (Bucay 2015, S. 121).

Aufmerksamkeitsorientierte Psychotherapie, wie sie hier im Rahmen des Individuationsprinzips verstanden wird, ist also in erster Linie eine Frage der therapeutischen Haltung, in der sich Weltverständnis und Menschenbild des Therapeuten spiegeln. Gehen wir von einer sinnhaften seelischen Gestaltungsarbeit auch bzgl. krankhafter Symptome aus, lassen wir den Augenblick, den wir mit unserem Patienten verbringen, nicht achtsam an uns vorüberziehen, sondern ›nutzen wir den Moment‹ der Begegnung zur Erkenntnis und zum Verständnis der in ihm liegenden finalen Möglichkeiten.

Die adäquate behandlungstechnische Haltung der Analytischen Psychologie ist also ein Oszillieren zwischen gleichschwebender Aufmerksamkeit (mit ihren auf den Patienten bezogenen und auf sich selbst bezogenen Anteilen) und einer gerichteten Aufmerksamkeit bzgl. der Zuordnung des vom Patienten Mitgeteilten zu den Individuationsthemen.

## 19.4 Methoden der Individuation

Wie wir gesehen haben, beinhaltet der Individuationsweg auch potenziell gefährliche, das Ich bedrohende Komponenten. Ein beherztes ›Anpacken‹ der Individuationsaufgaben braucht daher ein stabiles, kohärentes Ich. Im Jungianischen ist diese bewusste und unsere Selbstdefinition (die sog. ›Selbstrepräsentanzen‹) bestimmende Instanz mit den Begriffen des Ichkomplexes und der Persona umschrieben. Jung beschreibt letztere als komplexes Beziehungssystem zwischen dem, was wir bewusst sind und den Gegebenheiten und Anforderungen der Gesellschaft (Jung, GW Bd. 7). Ein geschwächtes Ich, eine geschwächte Persona, macht sich in Identitätsproblemen, Selbstunsicherheiten und der Gefahr, sich zur eigenen Stabilisierung übermäßig mit Komponenten der uns umgebende Gruppe zu identifizieren, bemerkbar. Therapeutisches Ziel sind deontologische (auf ein Sollen hin ausgerichtete) Lebenskonzepte in teleologische (auf ein Wollen hin ausgerichtete Lebenskonzepte) zu verwandeln (vgl. Thomä 2006). Dazu entwickelte die Analytische Psychologie konkrete (therapeutische) Methoden.

Individuation verläuft, wie wir bereits mehrmals sahen, spontan. Methoden können diesen spontanen Verlauf aber unterstützen, so wie Hindernisse ihn aufhalten oder umleiten können.

- Individuationsfördernde Beziehungsgestaltung

In Kap. 8 wurde bereits auf die alchemistisch-archetypische Beziehungskomponente des Individuationsvorgangs hingewiesen. Jung ist hier ganz eindeutig: »Der Individuationsprozess hat zwei prinzipielle Aspekte: einerseits ist er ein interner, subjektiver Integrationsvorgang, andererseits aber ein ebenso unerlässlicher objektiver Beziehungsvorgang. Das eine kann ohne das andere nicht sein, wenn schon bald das eine, bald das andere mehr im Vordergrund steht« (Jung 1946, § 448). Diese Parallelität wird im psychotherapeutischen Beziehungsgeschehen quasi ›genutzt‹, um mittels der therapeutischen Beziehung den »internen Integrationsvorgang« zu befördern.

- Symbolisierende Einstellung (s. o.)
- Umwandlung der Suche nach Zeichen für ein vergangenes Geschehen in die Suche nach Symbolen zur Selbstergänzung
- Amplifikation

In der Amplifikation stellt der Therapeut die vom Patienten vorgebrachten Themen in allgemeinmenschliche Zusammenhänge. Dazu werden vom Therapeuten Darstellungen des Themas des Patienten in Märchen, Mythen, aber auch Bildende und Darstellende Kunst, Musik oder Literatur in die Therapie eingebracht. Bzgl. des Individuationsthemas gilt dies, wie wir gesehen haben, besonders für den Heldenarchetyp: »Es ist der Gesamtsinn des allgegenwärtigen Mythos von der Heldenfahrt, dass es als allgemeiner Leitfaden für alle Menschen, auf welcher Stufe sie immer sich befinden mögen, dienen soll«, so der Mythenforscher Joseph Campbell. Und er meint weiter, im therapeutischen Prozess »kommen die Abschnitte der Heldenfahrt in den Träumen und Halluzinationen des Patienten wieder ans Licht« (2011, S. 132). Der Therapeut nehme hierbei die Position des helfenden Wesens der Heldenmythologie ein. Er befindet sich also in dieser Sicht ebenfalls in einer archetypisch geprägten Position, allerdings nicht in der des Heilers oder gar Helden. Diese Positionen werden dem Patienten überlassen. Der Leitfaden der zu bewältigenden Individuationsaufgaben (▶ Kap. 9) ist dabei Heuristik für den Therapeuten und konkrete Ermutigung für den Patienten.

- Sorgsames Betrachten der Traumbilder

Die Arbeit mit Träumen spielt in der Analytischen Psychologie eine zentrale Rolle und Jungianer verfügen über eine umfangreiche Traumpsychologie (Adam 2006). Jung schrieb den Träumen v. a. eine Bedeutung bzgl. ihrer kreativ-schöpferischen Potenzen zu. In Kurzform ergibt sich für die praktische Anwendung dieser »Leitfaden zur sorgsamen Beachtung von Träumen«:

- Kontemplation
- Darstellung und Deskription
- Imagination

- Amplifikation
- evtl. Assoziation (objekt-, dann subjektstufig)
(Vogel 2016, S. 140)

Die Analytische Psychologie kennt eine implizite ›Wertigkeitsskala‹ der Träume, insbesondere was ihre Bedeutsamkeit für den Individuationsprozess anbelangt. Weniger bedeutsam wären hier diejenigen Träume, deren Quelle eindeutig Alltagsprobleme darstellen. Ist die Traum-Quelle ein Komplexgeschehen oder handelt es sich um kompensatorische Träume, die bewusste Einseitigkeiten aufzuzeigen oder gar auszugleichen versuchen, steigt ihre Bedeutung. Schließlich gibt es sog. »Große Träume« (1961, GW Bd. 18/1) als Wegmarken und archetypisch geladene Anweisungen der Individuation. Sie aufzuspüren ist ein bevorzugtes Ziel individuationsorientierter Traumarbeit.

Jung betonte, neben seiner Anerkennung des Wertes einer kausalreduktiven Arbeit mit Träumen (»was sind die komplexhaften Ursachen dieses Traumes?«), v. a. den »Wert einer positiv leitenden Idee oder einer Zielvorstellung, die dem momentan konstellierten Bewusstseinsinhalt überlegen wäre« (1948, GW Bd. 8, § 491). Diese finalitätsorientierte Traumbetrachtung sucht nach Zukunftweisendem im Traum und befragt ihn nach der Botschaft- und Hinweisfunktion der einzelnen Traumelemente oder der Traumerzählung als Ganzes. Die leitende Frage ist: »Was will dieser Traum von mir, im Hinblick auf mein weiteres Leben und mein Lebensziel?«

- Aktive Imagination

*»Reisen, das ist mal was Nützliches. Da kriegt die Fantasie zu tun. Alles andere bringt nichts als Enttäuschungen und Mühsal. Unsere Reise hier findet ganz und gar in der Fantasie statt. Das ist ihre Stärke. Sie führt vom Leben zum Tod…«*
Vorspann zum Film ›La grande belezza‹

Jung wandte sich an vielen Stellen gegen »das Abreißen des Kontaktes mit dem Unbewussten und das Unterliegen unter die Tyrannei des Wortes«, denn »das Weltbild wird dadurch in unzählige Einheiten aufgelöst, wobei das ursprüngliche Gefühl der Einheit, das unauflösbar mit der Einheit der unbewussten Psyche verbunden ist, verloren geht« (1940, Bd. 11, § 443). Er entwickelte eine regelrechte ›Psychologie der inneren Bilder‹ (Vogel 2014a). Viele wichtige jungianische Autoren assoziieren die dazu gehörige Methode der Aktiven Imagination eng mit dem Individuationsgeschehen (z. B. Kast 2014). Jung beschreibt diese von ihm sehr hoch eingeschätzte Individuations- und Therapiemethode 1947 in einem Brief folgendermaßen:

»Bei der Aktiven Imagination kommt es darauf an, dass Sie mit irgendeinem Bild beginnen […]. Betrachten sie das Bild und beobachten Sie genau, wie es sich zu entfalten oder zu verändern beginnt. Vermeiden Sie jeden Versuch, es in eine bestimmte Form zu bringen, tun Sie einfach nichts anderes als beobachten, welche Wandlungen spontan eintreten. Jedes seelische Bild, das Sie auf diese Weise beobachten, wird sich früher oder später umgestalten, und zwar auf Grund einer spontanen Assoziation, die zu einer leichten Veränderung des Bildes führt. Ungeduldiges Springen von einem Thema zum anderen ist sorgfältig zu vermeiden. Halten Sie an dem einen von Ihnen gewählten Bild fest und warten Sie, bis es sich von selbst wandelt. Alle diese Wandlungen müssen Sie sorgsam beobachten und müssen schließlich selbst in das Bild hineingehen. Kommt eine Figur vor, die spricht, dann sagen auch Sie, was Sie zu sagen haben und hören auf das, was er oder sie (darauf antwortend) zu sagen hat. Auf diese Weise können Sie nicht nur Ihr Unbewusstes analysieren, sondern Sie geben dem Unbewussten eine Chance, Sie zu analysieren. Und so erschaffen Sie nach und nach die Einheit von Bewusstsein und Unbewusstem, ohne die es überhaupt keine Individuation gibt« (Briefe II, S. 76).

Die Aktive Imagination wird von Jung an vielen Stellen seines Werkes als zentrale Methode der Selbstentwicklung innerhalb und außerhalb psychotherapeutischer Kontexte gesehen und hat inzwischen zahlreiche praktisch-psychotherapeutische Implikationen (Dorst u. Vogel 2014). Dies gilt auch und vor allem für die Therapeuten selbst. Marie Luise v. Franz meint, Jung sehe »es sogar als unerlässlich an, dass der Analytiker diese Meditationsform beherrsche« (1973, S. 130). Die Aktive Imagination steht in vierfachem Zusammenhang mit der Jung'schen Individuationskonzeption:

1. Aktive Imagination trainiert das »psychische Geschehenlassen können« (Jung 1929, GW Bd. 13, § 20). Es wird eingeübt, in den spontanen Fluss der auftauchenden inneren Bilder nicht einzugreifen, wie es

Ziel eines individuationsorientierten Lebens ist, auch dieses fließen zu lassen.
2. Aktive Imagination ist der kreative Ausdruck des Individuationsgeschehens.
3. Aktive Imagination hilft beim Individuationsprozess, indem die Bilder und Szenen, ja auch die einzelnen Figuren, die während der Übung durchlebt werden, auf ihre Bedeutungs- und Hinweisfunktionen für den höchsteigenen Individuationsprozess befragt werden.
4. Aktive Imagination ist die direkteste ›Trainingsmethode‹ der Transzendenten Funktion und damit der Gegensatzvereinigung, denn wie der Autor und Drehbuchschreiber Patrick Roth in seinen Poetikvorlesungen meint, sie bedeutet »den inneren Dialog mit dem Unbewussten, der in gegenseitiger Transformation resultiert« (2012, S. 127 f). Aktive Imagination ermöglicht so das Individuationsziel der »Befreiung von der Suggestivgewalt innerer Bilder« (Jung 1926, GW Bd. 7, § 269), indem ein kohärenter Ich-Komplex mit diesen Bildern Umgang pflegt.

Zusammenfassend wird bei den dargestellten individuationsunterstützenden Methoden deutlich: Das individuationsleitende ›Werde, der du bist‹ stellt uns Psychotherapeuten vor eine nicht einfache Aufgabe. Ergebnis einer solcherart ausgerichteten Therapie ist nämlich bei weitem nicht immer das besser angepasste, sondern meist auch das zumindest zeitweise weniger ›pflegeleichte‹, weniger zurückweichende und selbstsicherer die eigene Ansicht vertretende Subjekt, das die kollektive Norm eben nicht mehr per se als gesetzesähnlich erlebt: »Every day Jungian Analysts experience tension in their practices between individuation and responsibility to the collective«, so Christina Becker (2014, S. 94). Was für ihre kanadischen Arbeitsverhältnisse gilt, das stimmt erst recht für das bundesdeutsche Krankenkassen- und Reha-Wesen, innerhalb dessen der Großteil der Therapien stattfinden und dessen Zielsetzung nicht etwa der mehr sich selbst kennende und lebende Mensch, sondern ausschließlich das wieder arbeitsfähige Mitglied der Gesellschaft zu sein scheint.

# 20   Individuation und Zeit

»*Seele braucht Zeit*«
Verena Kast 2013

Der Mensch der westlichen Industriegesellschaft ist geprägt von der Vorstellung eines linear und schrittweise vonstattengehenden, dadurch auch oft voraussagbaren und kontrollierbaren Zeitverlaufs. Diese Vorstellung wendet er auch auf sein Bemühen um eine seelische Entwicklung und damit auch auf die psychotherapeutische Arbeit an. In diesem Kapitel seien daher noch einmal diejenigen Komponenten der Individuationstheorie genannt, die sich auf die Stellung des Individuums und seiner seelischen Konstitution in der Zeit beziehen. Dies scheint deshalb von Bedeutung, da dem Individuationsgedanken mit seinem zugrundeliegenden Finalitätsprinzip in erster Linie eine Richtung nach vorne in die Zukunft innezuwohnen scheint. Dies ist soweit richtig, als das Hier und Jetzt der individuellen Existenz tatsächlich als von der Zukunft her, dem anzustrebenden und vielleicht anzunehmenden Ziel her gedacht wird. Allerdings ist auch der Gedanke der Gewordenheit tief verwurzelt in dieser Ausrichtung, wird doch durch die Einbeziehung der Entwicklungspsychologie und hier v. a. der Komplexpsychologie der Niederschlag des Vergangenen gewürdigt und der Mensch in seinen Ausgangsbedingungen auf dem Individuationsweg sowie bzgl. seiner Individuationsaufgaben auch als zumindest immer wieder den Erfahrungen des Früheren verhaftet gesehen.

Von besonderer Bedeutung für die Zeitperspektive ist auch die Idee des Zyklischen, die neben diese nach vorne und nach hinten geöffnete lineare Betrachtung die des Kreislaufs, der Wiederholung und der Wiederkehr setzt. Lebensthemen werden nicht endgültig gelöst, sondern im Laufe des seelischen Werdensprozesses aus immer neuen Perspektiven, aus unterschiedlicher Nähe oder Distanz, in unterschiedlicher konkreter Ausformung und in verschiedensten Kontexten erscheinen und ihre Bewältigung einfordern. Dazu gehört auch das bereits dargestellte Konzept des (seelischen) Wachstums und des Reifens, das ebenso ›Kurven‹ in der seelischen Entwicklungsrichtung, (notwendige) Stillstände, Perioden des raschen Fortschritts, der Verlangsamung und gar des partiellen Rückschritts und Absterbens beinhaltet. Aspekte, die nicht immer leicht zu akzeptieren oder auszuhalten sind, deren Kenntnis aber v. a. für diejenigen, die andere auf ihrem Werdensweg begleiten und vielleicht gar anleiten wollen, von enormer Bedeutung sind.

Die ›transzendente Zeitperspektive‹ des Individuationskonzeptes schließlich macht sich in deren archetypischer Ausgestaltung fest. Wie wir gesehen haben, werden die Individuationsaufgaben, die wir etwa auch in den Heldenmythen der Menschheit wiederfinden, als überindividuelle, allgemein motivierte, wenn auch persönlich ausgestaltete existenzielle Themen jeden Einzelnen betreffen und stehen nicht zur Disposition. Hier taucht das Subjekt ein in einen Zeitraum, der eher als ›Zeitlosigkeit‹ (z. B. Jung 1958) zu bezeichnen ist und den Menschen zumindest in einigen Schichten seiner seelischen Existenz über die Zeitperspektive schlechthin hinaushebt.

Eine letzte Zeitkomponente im Zusammenhang mit dem Individuationsgeschehen ist das für die Konfrontation mit den Individuationsaufgaben notwendige ›sich Zeit nehmen‹. Individuation kann nicht beschleunigt oder abgekürzt werden, sie braucht ihre Zeit, ohne dass daran etwas geändert werden könnte. Dies widerspricht allem Zeitgeist, finden wir doch in den modernen Gesellschaften und vermittelt über Aspekte der Persona auch in uns eine »neue Qualität der Flüchtigkeit. Der Zeitindex hat sich verändert« (Willemsen 2016, S. 33), er beschleunigt sich beständig. Eine individuationsorientierte Analytische Psychologie ist hier in erster Linie Zeitgeistkritik. Sie behauptet eine hohe Notwendigkeit, ausreichend Zeit zu investieren, um »sich selbst als ernsthafteste Aufgabe sich vor[zu]setzen« (Jung 1929, GW Bd. 13, § 24). Konsequenterweise fordert sie ein aufmerksames Innehalten, ein Entschleunigen, eine *stabilitas*, und wird dadurch zu einer »Lobby« für die Seele (z. B. Kast 2013).

# 21 Das Individuationskonzept als Spiritualität in der Psychotherapie

Ausgehend von einer »Psychologie der Spiritualität« mit einem inzwischen enormen Schatz empirischer Erkenntnisse über das Zusammenwirken spiritueller und psychotherapeutischer Aspekte in der psychotherapeutischen Praxis (Bucher 2007) ist innerhalb der gesamten Bandbreite der Psychotherapie ein sog. ›spiritual turn‹, eine Hinwendung zu spirituellen Themen auch im direkten psychotherapeutischen Handeln zu bemerken (Frick u. Hamburger 2014). Der Terminus »Spiritualität«, der sowohl im Fach- als auch im Alltagsgebrauch eine problematische Ausdehnung erlebt hat, soll hier mit Frick definiert werden »als mystische Innenseite der traditionellen und institutionalisierten Kirchen« (2014, S. 19) einerseits, als eine bestimmte Art intensiver subjektiver Empfindung von Einheit, Ganzheit und Zugehörigkeit andererseits. Spiritualität beinhaltet dabei eine irgendwie geartete Form der Ich-Transzendenz und v. a. Komponenten einer individuellen Suche nach Sinn. Unbestritten ist Jungs Beitrag, ja vielleicht Zugehörigkeit zur modernen Religionswissenschaft. Seine Nähe zu dem Religionsphilosophen Rudolf Otto und dem Sinologen Richard Wilhelm und seine Rezeption innerhalb der etablierten Religionswissenschaften sind dafür beredte Beispiele. Jungs Werk erfüllt zahlreiche Kriterien, die eine zeitgemäße Definition einer Religionswissenschaft ausmachen (Tworuschka 2011). Es ist aber daneben wohl nicht vermessen zu betonen, dass die Jung'sche Analytische Psychologie mit ihren Konzepten des Selbst, des kollektiven Unbewussten und auch der Individuation seit mehr als einem Jahrhundert Spiritualität und Psychotherapie zusammen denkt und im Kontext einer heute als »Spiritually Integrated Psychotherapy« (Pargament 2007) bezeichneten Ausrichtung zu sehen ist. Spiritualität ist in diesem Sinne eine Bewegung in Richtung auf das Selbst (im Jung'schen Sinne) hin. Auch außerhalb der jungianischen Community wird von kundigen Autoren erkannt, dass der »vor allem in der Analytischen Psychologie betonte Individuationsprozess, d. h. die Auseinandersetzung mit den außengeleiteten Normen und Wertvorstellungen einer Gesellschaft und die Besinnung auf eine ›Selbstverwirklichung des Unbewussten‹ […] eine eminent spirituelle Erfahrung [ist]« (Mertens 2015, S. 194).

Trotz dieser großen Überschneidungen weisen Jung'sche Autoren aber immer wieder auch auf Unterschiede zwischen den herkömmlichen Zielen von Religion und Spiritualität einerseits und dem Individuationsweg der Analytischen Psychologie andererseits hin: »The goal of individuation, unlike that oft the religious quest, is not union with the devine or salvation, but rather integration and wholeness, the forging of the opposites inherent in the Self into an image of unity and integrating this into consciousness.« (Stein 2006, S. 58)

*Herr Z. erlebte eine Ahnung des Spirituellen in der Wertschätzung seiner inneren Bilder, die er zunehmend als nicht nur aus seiner Biographie her ableitbar erlebte. Er kam bis zur 62. Behandlungsstunde in die Praxis und verstarb wenige Wochen später. Herr Z. näherte sich ängstlich, aber im Verlauf der Therapie zunehmend zuversichtlich an sein Lebensende an, ohne dass er diesen veränderten Gemütszustand hätte erklären können. Er hatte, wie er in einer der letzten Stunden gesagt hatte, mehr und mehr den Eindruck, sein Leben gelebt zu haben…*

# Literaturverzeichnis

Adam, K.-U. (2006): Therapeutisches Arbeiten mit Träumen. Berlin: Springer.
Altmann, A. (2016): Gebrauchsanweisung für das Leben. München: Piper
Anderssen-Reuster, U. (2011): Einleitung: Was ist Achtsamkeit. In: Anderssen-Reuster, U. (Hrsg.): Achtsamkeit in Psychotherapie und Psychosomatik. 2. Aufl. Stuttgart: Schattauer. S. 1–7.
Arbeitskreis OPD (2009): Operationalisierte Psychodynamische Diagnostik OPD2. Das Manual für Diagnostik und Therapieplanung. Bern: Verlag Hans Huber.
Astor, J. (1998): Fordham's Developments of Jung in the Context of Infancy and Childhood. In: Aliser, I., Hauke, Ch. (Hrsg.): Contemporary Jungian Analysis. Post-Jungian Perspectives from the Society for Analytical Psychology. London: Routledge. S. 7–26.
Bauriedl, Th (1992): Die Macht des Unbewussten im Veränderungsprozess. In: Rothbucher, H., Wurst, F, Donnenberg, R. (Hrsg.): Veränderung. Illusion und Chance. Salzburg: Otto Müller Verlag. S. 105–119.
Becker, Ch. (2014): The Heart of the Matter. Individuation as an Ethical Process. Ashville: Chiron Publications.
Bieri, P. (2011): Wie wollen wir leben? Salzburg: Residenz Verlag.
Bion, W. R. (2016): Transformationen. Gießen: Psychosozial Verlag.
Bitter, W. (1956): Vorwort. In: Bitter, W. (Hrsg.): Die Wandlung des Menschen in Seelsorge und Psychotherapie. Göttingen: Verlag für medizinische Psychologie. S. 5–8.
Boothe, B. (2014): »… wenn ich auf das Ende sehe« Wieviel Zeit bleibt bis zum Tod? In: Hierdeis, H. (2014): Wie hältst du's mit dem Tod? Erfahrungen und Reflexionen in der Psychoanalyse. Göttingen: Vandenhoek u. Ruprecht. S. 223–247.
Braun, C. (2004): Der Mythos der introvertierten Individuation. Überlegungen zur intersubjektiven Dimension des Individuationsprozesses. Analyt.Psychol. 35138, S.423–447.
Braun, C. (2016): Die therapeutische Beziehung. Konzept und Praxis in der Analytischen Psychologie C. G. Jungs. Stuttgart: Kohlhammer.
Beißner, F. (Hrsg.) (1974): Friedrich Hölderlin – Sämtliche Werke. 5. Band. Stuttgart: Kohlhammer.

Bolen, J. S. (2016): The Wounded Healer. Transformation Through Compassion. In: Gruz, L., Buser, St. (Hrsg.): A Clear And Present Danger. Narcissism in the era of Donald Trump. Ashville: Chiron Publications. S. 175–184.

Bowlby, J (2014): Bindung als sichere Basis. Grundlagen und Anwendungen der Bindungstheorie. München: Ernst Reinhardt Verlag.

Buber, M. (1999): Ich und Du. Gütersloh: Gütersloher Verlagshaus.

Bucay, J. (2015): Drei Fragen. Wer bin ich? Wohin gehe ich? Und mit wem? Frankfurt a.M.: Fischer.

Bucher, A. A. (2007): Psychologie der Spiritualität. Handbuch. Weinheim: Beltz.

Bühler, Ch. (1933): Der menschliche Lebenslauf als psychologisches Problem. Leipzig: Hirzel Verlag.

Campbell, J. (2003): Die Macht der Mythen. Interview mit Bill Moyers. Müllheim-Baden: Auditorum Netzwerk.

Campbell, J. (2011): Der Heros in tausend Gestalten. 2. Aufl. Berlin: Insel Verlag.

Clarus, I. (1980): Du stirbst, damit du lebst. Stuttgart: Bonz Verlag.

Colegrave, S. (1996): Yin und Yang. Die Kräfte des Weiblichen und des Männlichen. Frankfurt a.M.: Fischer.

Darga, M. (2010): Fasten des Herzens. Das Weisheitsbuch des Daoismus.

Dorst, B. (2014): Therapeutisches Arbeiten mit Symbolen. 2.Auflage. Stuttgart: Kohlhammer.

Dorst, B., Vogel, R. T. (Hrsg.) (2014): Aktive Imagination. Schöpferisch leben aus inneren Bildern. Stuttgart: Kohlhammer.

Ehrenberg, A. (2008): Das erschöpfte Selbst: Depression und Gesellschaft in der Gegenwart. (Lenzen, M., Übers.). Berlin: Suhrkamp (Originalarbeit erschienen 1998).

Edinger, E. (2000): The Psyche On Stage. Individuation Motifs in Shakespeare and Sophocles. Toronto: Inner City Books.

Erikson, E. H. (1973): Identität und Lebenszyklus. Frankfurt a.M.: Suhrkamp.

Evers, T. (1987): Mythos und Emanzipation. Eine kritische Annäherung an C. G. Jung. Junius Verlag, Hamburg.

Feitknecht, Th. (Hrsg.) (2006): Hermann Hesse. Die dunkle und wilde Seite der Seele. Briefwechsel mit seinem Psychoanalytiker Josef Berhard Lang, 1916–1944. Frankfurt a.M.: Suhrkamp.

Fiedler, F. (2003): Yin und Yang. Das kosmische Grundmuster in der Kultur Chinas. München: Diederichs.

Fordham, M. (1985): Explorations into the Self. London, New York: Karnac.

Frankl, V. (1997): Ärztliche Seelsorge. Grundlagen der Logotherapie und Existenzanalyse. Wien: Deuticke.

Frankl, V., Kreuzer, F. (1986): Am Anfang war der Sinn. Von der Psychoanalyse zur Logotherapie. Ein Gespräch. München: Piper.

Freud, S. (1937): Die endliche und die unendliche Analyse. GW Bd. 2. Frankfurt a. M.: Fischer.

Frobenius, L. (1904): Das Zeitalter des Sonnengottes. Berlin: G. Reimer.

Froboese, F. (1956): Die Gefahren des Geistes bei der Selbstverwirklichung (Individuation nach C. G. Jung). In: Bitter, W. (Hrsg.): Die Wandlung des Menschen in Seelsorge und Psychotherapie. Göttingen: Verlag für medizinische Psychologie. S. 130–167.

Frick, E. (1996): Durch Verwundung heilen. Zur Psychoanalyse des Heilungsarchetyps. Göttingen: Vandenhoek und Ruprecht.

Frick, E. (2014): Wohin dreht der »Spiritual Turn«. In: Frick, E., Hamburger, A. (Hrsg.): Freuds Religionskritik und der »Spiritual Turn«. Ein Dialog zwischen Philosophie und Psychoanalyse. Stuttgart: Kohlhammer, S. 19–33.

Frick, E., Hamburger, A. (Hrsg.) (2014): Freuds Religionskritik und der »Spiritual Turn«. Ein Dialog zwischen Philosophie und Psychoanalyse. Stuttgart: Kohlhammer.

Frick, E. (2016): Wo Zufriedenheit herkommt. Jesuiten 2016/4, S. 4–5.

Giegerich, W. (1980): Streit. Analytische Psychologie 11, S. 18–37.

Glaser, B., Strauß, A. (1974): Interaktion mit Sterbenden. Göttingen: Vandenhoek und Ruprecht.

Grün, A. (2005): Auf dem Wege – Zu einer Theologie des Wanderns. Münsterschwarzach: Vier Türme Verlag.

Grün, A. (2014): Wegstationen meiner theologischen Sprache. In: Philip, Th., Schwaratzki, J., Amherdt, F.-X. (Hrsg.): Theologie und Sprache bei Anselm Grün. Münsterschwarzach: Vier Türme Verlag. S. 24–38.

Grün, A. (2016): Von Gipfeln und Tälern des Lebens. Münsterschwarzach: Vier Türme Verlag.

Grün, A. (2016a): Trau dich, neu zu werden. Verwandeln statt verändern. Münsterschwarzach: Vier Türme Verlag.

Guggenbühl-Craig, A. (1971): Macht als Gefahr beim Helfer. Psychologische Praxis. Schriftenreihe für Erziehung und Jugendpflege. Basel: Karger.

Guggenbühl-Craig, (1993): Die närrischen Alten. Zürich: IKM Guggenbühl AG.

Hammann, J. (2015): Die Heldenreise im Film. Nordersted: Books On Demand.

Han, B.-Ch. (2015): Müdigkeitsgesellschaft. Berlin: Matthes u. Seitz.

Han, B.-Ch. (2016): Die Austreibung des Anderen. Gesellschaft, Wahrnehmung und Kommunikation heute. Frankfurt a.M.: Fischer.

Hannah, B. (1974): Some Glimpses of the Individuation Process in Jung Himself. Quadrant Vl. 16, S. 26–33.

Hannah, B. (2001): Striving Towards Wholeness. Wilmette: Chiron Publications.

Haule, J. R. (2011): Jung in the 21th Century. Vol 1. Evolution and Archetype. London: Routledge.

Heidegger, M. (2006): Sein und Zeit. Tübingen: Max Niemeyer Verlag.

Hesse, H. (2008): Leben ist Werden. Frankfurt a.M.: Suhrkamp.

Hesse, H. (2006): Die Märchen. Frankfurt a.M.: Suhrkamp.

Hesse, H. (2016): Entdecke Dich selbst! Vom Reiz der Individuation. Berlin: Insel Verlag.

Hillman, J. (1975) Betrayal. In: Hillman, J. (Hrsg.): Lose ends. Zürich: Spring Publications.
Hillman, J. (1979): The Dream and the underworld. New York: William Morrow Paperbacks.
Hillman, J. (1998): Charakter und Bestimmung. (Von Weltzien, D., Übers.) München: Goldmann (Originalarbeit erschienen 1996).
Hillman, J. (2000): Selbstmord und seelische Wandlung. (Binswanger, H., Übers.) Einsiedeln: Daimon (Originalarbeit erschienen 1964).
Holm-Hodulla (2011): Kreativität zwischen Schöpfung und Zerstörung. Konzepte aus Kulturwissenschaften, Psychologie, Neurobiologie und ihre praktischen Anwendungen. Göttingen: Vandenhoek und Ruprecht.
Hinshaw, R., Fischli, L. (Hrsg.) (2003): Jung im Gespräch: Reden, Interviews, Begegnungen. Einsiedeln: Daimon.
Jacobi, J. (1971): Der Weg zur Individuation. Olten: Walter Verlag.
Jacobi, J. (1999): Die Psychologie von C. G. Jung. Eine Einführung in das Gesamtwerk. Frankfurt a.M.: Fischer.
Jung, C. G. (1916): Die Beziehungen zwischen dem Ich und dem Unbewussten. GW Bd. 7. Olten: Walter.
Jung, C. G. (1921): Psychologische Typen. GW Bd. 6. Olten: Walter.
Jung, C. G. (1919): Ziel der Psychotherapie. GW Bd. 16. Olten: Walter.
Jung, C. G. (1929): Kommentar zu ›Das Geheimnis der Goldenen Blüte‹. GW. Bd. 13. Olten: Walter.
Jung, C. G. (1932): Vom Werden der Persönlichkeit. GW Bd. 17. Olten: Walter.
Jung, C. G. (1934): Vom Werden der Persönlichkeit. GW Bd. 17. Olten: Walter.
Jung, C. G. (1936): Psychologische Determinanten des menschlichen Verhaltens. GW Bd. 8. Olten: Walter.
Jung, C. G. (1935): Psychologischer Kommentar zum Bardo Thödol. GW Bd. 11. Olten: Walter.
Jung, C. G. (1940): Das Wandlungssymbol in der Messe. GW Bd. 11. Olten: Walter.
Jung, C. G. (1941): Die Psychotherapie in der Gegenwart. GW Bd. 16. Olten: Walter.
Jung, C. G. (1943): Über die Psychologie des Unbewussten. GW Bd. 7. Olten: Walter.
Jung, C. G. (1945): Analytische Psychologie und Erziehung. GW Bd. 17. Olten: Walter.
Jung, C. G. (1946): Die Psychologie der Übertragung. GW Bd. 16. Olten: Walter.
Jung, C. G. (1948): Über die Energetik der Seele. GW Bd. 8. Olten: Walter.
Jung, C. G. (1950): Zur Empirie des Individuationsprozesses. GW Bd. 9/1. Olten: Walter.
Jung, C. G. (1950a): Über Mandalasymbolik. GW Bd. 9/1. Olten: Walter.
Jung, C. G. (1954): Symbole der Wandlung. GW Bd. 5. Olten: Walter.
Jung, C. G. (1954a): Der philosophische Baum. GW Bd. 13. Olten: Walter.

Jung, C. G. (1956): Mysterium Conjunctionis. Über die Trennung und Zusammensetzung der seelischen Gegensätze in der Alchemie. GW Bd. 14. Olten: Walter.
Jung, C. G. (1958): Briefe. Bd. 3. Olten: Walter.
Jung, C. G. (1959): Brief 6.VI. Briefe. Bd. 3. Olten: Walter.
Jung, C. G. (1959a): Gut und Böse in der Analytischen Psychologie. GW Bd. 10. Olten: Walter.
Jung, C. G. (1961): Symbole und Traumdeutung GW Bd. 18/1. Olten: Walter.
Jung, C. G. (1999/1941): Zur Psychologie des Kinderarchetypus. In: Jung, C. G., Kerenyi, K.: das göttliche Kind. Eine Einführung in das Wesen der Mythologie. Düsseldorf: Patmos.
Jung, C. G., Jaffe, A. (2009): Erinnerungen, Träume, Gedanken. Olten: Walter.
Jung, C. G. (2009): Das Rote Buch. 4. Auflage. Ostfildern: Patmos Verlag.
Joop, W. (2012): Es gibt kein Nichts. In: Menne, C.: Die letzte Reise. Lünen: Edition Schmieder.
Kast, V. (1984): Paare. Beziehungsphantasien oder Wie Götter sich in Menschen spiegeln. Stuttgart: Kreuz.
Kast, V. (2003): Im Fanatismus verborgene Lebensthemen. Psychotherapie Forum Bd. 11/4, S. 191–201.
Kast, V. (2003a): Diese vorüberrauschende blaue einzige Welt. Zürich: Pendo.
Kast, V. (2006): Die Analytische Psychologie in der Therapielandschaft. In: Mattanza, G., Meier, I., Schlegel, M. (Hrsg.): Seele und Forschung. Ein Brückenschlag in der Psychotherapie. Basel: Karger Verlag, S. 26-37.
Kast, V. (2007): Sich wandeln und sich neu entdecken. Freiburg i. Br: Herder.
Kast, V. (2008): Konflikte anders sehen: Die eigenen Lebensthemen entdecken. Freiburg: Herder.
Kast, V. (2012): Die Dynamik der Symbole. Grundlagen der Jungschen Psychotherapie. 8. Aufl. Ostfildern: Patmos.
Kast, V. (2013): Trauern. Phasen und Chancen des psychischen Prozesses. Freiburg i. Br.: Kreuz Verlag.
Kast, V. (2013): Seele braucht Zeit. Freiburg i. Br.: Kreuz Verlag.
Kast, V. (2014): Die Tiefenpsychologie nach C. G. Jung. Eine praktische Orientierungshilfe. Ostfildern: Patmos.
Kast, V. (2015): Auf dem Weg zu sich selbst. Werden, wer ich wirklich sein kann. Ostfildern: Patmos.
Kast, V. (2016): Altern. Immer für eine Überraschung gut. Ostfildern: Patmos.
Kast, V. (2016a): Abschied von der Opferrolle. Das eigene Leben leben. Vortrag im Dezember 2016, München.
Kast, V. (2017): Abschiedlich existieren – sich einlassen und loslassen. In Frick, E., Vogel, R.T. (Hrsg.): Den Abschied vom Leben verstehen. Psychoanalyse und Palliative Care. Stuttgart: Kohlhammer, S. 195-117.
Kast, V. (2017a): Wi(e)der Angst und Hass. Das Fremde als Herausforderung zur Entwicklung. Ostfildern: Patmos.

Kernberg, O. F., Hartmann, H. P. (2010): Narzissmus. Grundlagen, Störungsbilder, Therapie. Stuttgart: Schattauer.
Kierkegaard, S. (2005): Entweder-Oder. München: dtv.
Kierkegaard (2006): Furcht und Zittern. Berlin: de Gruyter.
Knox, J. (2003): Archetype, attachment, analysis. Jungian psychology and the emergent mind. Hove: Brunner-Routledge.
Kohut, H. (1976): Narzissmus. Berlin: Suhrkamp.
Krapp, W. (2011): Phasen der Alchemie. Zugriff am 10.05.2015 unter www.¬symbolonline.de.
Kurthen, M. (1989): Psychologie als Individuation. Überlegungen zur Einheit der Lehre C. G. Jungs. Feilbach-Oeffingen: Bonz.
Landsberg, P. L. (1935/2009): Die Erfahrung des Todes. Berlin: Matthes & Seitz.
Lindley, D. A. (2006): On Life's Journey. Always Becoming. Wilmette: Chiron Publications.
Lesmeister, R. (2009): Selbst und Individuation. Frankfurt a.M.: Brandes u. Apsel.
Lesmeister, R. (2014): Selbst und Transzendenz – Überlegungen zur Stellung des Subjektes bei C. G. Jung im Kontext des »Spiritual Turn«. In: Frick, E., Hamburger, A. (Hrsg.): Freuds Religionskritik und der »Spiritual Turn«. Ein Dialog zwischen Philosophie und Psychoanalyse. Stuttgart: Kohlhammer, S. 53–63.
Laiblin, K. (1956): Symbolik der Wandlung im Märchen. In: Bitter, W. (Hrsg.): Die Wandlung des Menschen in Seelsorge und Psychotherapie. Göttingen: Verlag für medizinische Psychologie, S. 276–300.
Löwe, A. (2014): »Auf Seiten der inneren Stimme« Erich Neumann – Leben und Werk. Freiburg: Verlag Karl Alber.
Mahler, M., Pine, F., Bergman, A. (2008): Die psychische Geburt des Menschen: Symbiose und Individuation. Frankfurt a.M.: Fischer Taschenbuch.
Mankell, H. (2015): Treibsand. Was es heißt, ein Mensch zu sein. Wien: Paul Zsolnay Verlag.
Maragkos, M. (2017): Gestalttherapie. Stuttgart: Kohlhammer.
Mertens, W. (2015): Psychoanalyse im 21. Jahrhundert. Stuttgart: Kohlhammer.
Miller, J.C. (2004): The Transcendent Function. Jung's Model Of Psychological Growth Through Dialogue With The Unconscious. Albany: Suny Press.
Müller, L. (2013): Der Held – Jeder ist dazu geboren. Die universale Heldenreise als Prozess der Selbst-Erfahrung. Stuttgart: opus magnum.
Müller, L. (2016): Das Schöpferische bei C. G. Jung und Erich Neumann. Jung Journal 35, Jg. 19. S. 23–32.
Münch, V. (2016): Krise der Lebensmitte. Perspektiven der analytischen Psychologie für Psychotherapie und Beratung. Berlin: Springer.
Meier, C. A. (1980): Individuation und psychologische Typen. Ein Appel zu einer wissenschaftlichen Einstellung in der Jungschen Psychologie. In: Dieckmann, H. (Hrsg.); Übertragung und Gegenübertragung. Hildesheim: Gerstenberg Verlag.

Müller-Pozzi, H. (1985): Identifikation und Konflikt. Die Angst vor Liebesverlust und der Verzicht auf Individuation. Psyche 39. Jg. Heft 10 , S. 877-904.

Nagel, C. (2006): Geld – Teufelswerk oder Stein der Weisen? Zum Elementar- und Wandlungscharakter des Geldes. In: Freie Assoziation. Zeitschrift für psychoanalytische Sozialpsychologie 1/2006, S. 61–90.

Neumann, E. (2004): Ursprungsgeschichte des Bewußtseins. Frankfurt a.M.: Fischer.

Neumann, E. (1963): Das Kind. Düsseldorf: Rhein Verlag.

Neumann, E. (1953): Die Psyche und die Wandlung der Wirklichkeitsebenen. Eranos Jahrbuch. Zürich: Rhein Verlag.

Neumann, E. (1955): Narzissmus, Automorphismus und Urbeziehung. Zürich: Rascher.

Neumann, E. (1956): Die große Mutter. Zürich: Rhein Verlag.

Neumann, E. (1965a): Die Erfahrung der Einheitswirklichkeit und die Sympathie aller Dinge.

Neumann, E. (1993): Tiefenpsychologie und neue Ethik. Frankfurt a.M.: Fischer.

Noyon, A., Heidenreich, Th. (2012): Existenzielle Perspektiven in Psychotherapie und Beratung. Weinheim: Beltz.

Odoriso, D. (2015): Welcoming the shadow as Guest and Self: Archetypal Approaches to Healing in Jung's Red Book. Quadrant. Journal of the C. G. Jung Foundation for Analytical Psychology 65/2, S. 71–83.

Otscheret, L. (2004): Psychoanalytische Supervision aus intersubjektiver Sicht. Analyt. Psychol. 146, S. 224–236.

Otto, R. (2004): Das Heilige: Über das Irrationale in der Idee des Göttlichen und sein Verhältnis zum Rationalen. München: C.H. Beck.

Pargament, K. I. (2007): Spiritually Integrated Psychotherapy. Understanding and Adressing the Sacred. New York: The Guillford Press.

Paul, K., Heuer, K., Hanses, A. (2012): Sterben. Das Ende von Interaktionen in biographiegeschichtlichen Selbstrepräsentationen. In: Hanses, A., Sander, Ch (Hrsg.): Interaktionsordnungen. Berlin: Springer.

Perls, F., Hefferline, R. F., Goodman, P. (1951): Gestalttherapie. Stuttgart: Klett-Cotta.

Plassmann, R. (2009): Im eigenen Rhythmus. Gießen: Psychosozial Verlag.

Plassmann, R. (2010): Inhaltsdeutung und Prozessdeutung. Forum für Psychoanalyse 2/2010, S. 313–317.

Plassmann, R. (2013): Prozessorientierte Psychotherapie. Psychotherapeutenjournal 2/2013, S. 131–137.

Polster, E., Polster, M. (1995): Gestalttherapie. Theorie und Praxis der integrativen Gestalttherapie. Frankfurt a.M.: Fischer.

Rafalski. M. (2011): Das individuelle Zusammenspiel der vier Orientierungsfunktionen. Analytische Psychologie 164, 42. Jg., S. 143–170.

Rafalski, M. (2017): Empfinden, Intuieren, Fühlen und Denken. Die vier psychischen Grundfunktionen in Psychotherapie und Individuation. Stuttgart: Kohlhammer.
Raff, J., Vocatura, L. B. (2002): Healing the Wounded God. Finding your personal guide on your way to individuation and beyond. York Beach: Nicolas-Hays Inc.
Rank, O. (2015): Der Mythos von der Geburt des Helden. Versuch einer psychologischen Mythendeutung. Graz: Edition geheimes Wissen.
Rasche, J. (2003): Lebensthemen und Individuation. Vortrag am 22. April 2003 im Rahmen der 53. Lindauer Psychotherapiewochen 2003. Zugriff am 03.12.2016 unter https://www.lptw.de/archiv/vortrag/2003/rasche-joerg-lebensthemen-¬ und-individuation-lindauer-psychotherapiewochen2003.pdf.
Reddemann, L. (2010): Achtsamkeit in der Behandlung von Persönlichkeitsgestörten und traumatisierten PatientInnen. Vortrag am 23. April im Rahmen der 60. Lindauer Psychotherapiewochen 2010. Zugriff am 03.12.2016 unter https://¬ www.lptw.de/archiv/vortrag/2010/reddemann-luise-behandlung-von-persoen¬ lichkeitsgestoerten-und-traumatisierten-patienten-lindauer-psychotherapiewo¬ chen2010.pdf.
Reddemann, L. (2011): Annäherung an einige psychoanalytischen und buddhistischen Perspektiven. In: Reddemann, L. (Hrsg.): Kontexte der Achtsamkeit. Stuttgart: Kohlhammer, S. 9–17.
Ricoeur, P. (2005): Das Selbst als ein Anderer. Paderborn: Wilhelm Fink Verlag.
Rilke, R. M. (2013): Gesammelte Werke. Köln: Anaconda Verlag.
Roesler, Ch. (2010): Analytische Psychologie heute. Der aktuelle Stand der Forschung zur Psychologie C. G. Jungs. Freiburg i. Br.: Karger.
Roesler, Ch. (2016): Das Archetypenkonzept C. G. Jungs. Theorie, Forschung, Anwendung Stuttgart: Kohlhammer.
Rogers, C. (1981): Der neue Mensch. Stuttgart: Klett-Cotta.
Roth, P. (2012): Im Tal der Schatten. Frankfurter Poetikvorlesungen. Frankfurt a.M.: Suhrkamp.
Sacks, O. (2015): Dankbarkeit. Rheinbeck b. Hamburg: Rowohlt.
Schmid, W. (1992): »Alle Widersprüche finden sich in mir«. Lebenskunst als Ethik der Selbstfindung bei Montaigne. In: Dt. Zeitschr. f. Philosophie 40, S. 1023-1032.
Schmid, W. (1998): Philosophie der Lebenskunst. Frankfurt a.M.: Suhrkamp.
Schmid Noerr, G. (1982): Mythologie des Imaginären oder imaginäre Mythologie? Zur Geschichte und Kritik der psychoanalytischen Mythendeutung. Psyche 36/7, S. 577–608.
Schmidbauer, W. (2003): Der Mensch als Bombe. Eine Psychologie des neuen Terrorismus. Rheinbeck bei Hamburg: Rowohlt.
Schreiner, P. (1996): Im Mondschein öffnet sich der Lotus. Der Hinduismus. Düsseldorf: Patmos.
Schröder, Ch. (2015): Odysseus, der erste Refugee. Europäische Hochkultur entstand aus Flüchtlingsdrama. Tagesspiegel. Zugriff am 03.12.2016 unter

http://www.tagesspiegel.de/kultur/europaeische-hochkultur-entstand-aus-fluecht-lingsdrama-odysseus-der-erste-refugee/11816686.html.

Segal, R. A. (2000): Hero Myths. A Reader. Hoboken: John Wiley a. Sons.

Sartori, P (2008): Near Death Experience of Hospitalized Intensive Care Patients. A five Years Clinical Study. New York: Edwin Mellin Press.

Sartori, P. (2015): Nahtoderfahrungen als Neuanfang. Grafing: Aquamarin Verlag.

Shamdasani, S. (2010): C. G. Jung: Das Rote Buch. Liber Novus. Düsseldorf: Patmos.

Schilling, R. (2001): Kriegshelden. Deutungsmuster heroischer Männlichkeit in Deutschland 1813–1945. Paderborn: Ferdinand Schöningh Verlag.

Solomon, H. (2007): The ethics of Supervision: Developmental and archetypal perspectives. In: Petts, A., Shapeley, B. (Hrsg.): On Supervision. Psychoanalytic and Jungian Perspectives. London: Karnac, S. 45–60.

Sloterdijk, P. (2008): Zorn und Zeit. Berlin: Suhrkamp.

Scheffler, S. (2015): Der Tod und das Leben danach. Berlin: Suhrkamp.

Schneider, W., Freyberger, H. J. (2000): Was leistet die OPD. Empirische Befunde und klinische Erfahrungen mit der Operationalisierten Psychodynamischen Diagnostik. Bern: Verlag Hans Huber.

Schnell, T. (2016): Psychologie des Lebenssinns. Berlin: Springer.

Schnocks, D. (2013): Mit C. G. Jung sich selbst verstehen. Acht Erkenntnisaufgaben auf unserem Individuationsweg. Stuttgart: Kohlhammer.

Schopenhauer, A. (1998): Die Welt als Wille und Vorstellung. München: dtv Verlagsgesellschaft.

Sorrentino, P. (2013): La Grande Belezza – Die große Schönheit [Film].

Stearns, M. (2004): Conscious Courage. Turning Everyday Challenges into Opportunities. Seminole: Enrichment Books.

Stein, M. (2003): C. G. Jungs Psychologie: Interesse und Leidenschaft – Mein Leben als Jungianer. In: Emrich, H. (Hrsg.): Im Farbenkreis der Emotionen. Festschrift für Verena Kast zum 60. Geburtstag. Würzburg: Königshausen und Neumann, S. 102–109.

Stein, M. (2005): Individuation: Inner Work. Journal of Jungian Theory and Practice. 7(2), S. 1–18.

Stein, M. (2006): The Principle of Individuation. Toward the development of human consciousness. Wilmette: Chiron Publications.

Thomä, D. (2006): Erzähle dich selbst. Berlin: Suhrkamp.

Thomä, D. (2016): Sind wir Spielball der Verhältnisse oder Spielführer unserer Fähigkeiten? Vortrag auf den Lindauer Psychotherapiewochen April 2016. Müllheim-Baden: Auditorium.

Thich Nhat Hanh (2006): Das Wunder der Achtsamkeit. Bielefeld: Theseus.

Thummer, E. (1972): Die zweite pythische Ode Pindars. In: Rheinisches Museum für Philologie. Zeitschrift für Klassische Philologie. Frankfurt a.M.: Sauerländer Verlag. S. 293–307.

Tömmel, S. E. (1986): Psychisches Leid und Kulturentwicklung. Das Beispiel Antigone. In: v.d. Ohe, W. (Hrsg.): Kulturanthropologie. Beiträge zum Neubeginn einer Disziplin. Berlin: Duncker u. Humblot. S. 299–331.
Tworuschka, U. (2011): Religionswissenschaft. Wegbereiter und Klassiker. Köln: Böhlau Verlag UTB.
Vogel, R. T. (2006): Pilgern – eine (wieder moderne) spirituelle Praxis. Der Pilgerweg aus der Sicht der Analytischen Psychologie. Jung Journal 16/9, S. 11–14.
Vogel, R. T. (2012): Todesthemen in der Psychotherapie. Ein integratives Handbuch zur Arbeit mit Sterben, Tod und Trauer. Stuttgart: Kohlhammer.
Vogel, R. T. (2012a): Analytische Psychologie und die ihr angemessenen Forschungsmethoden. Epistemiologische Überlegungen zu ihrem Status als Wissenschaft. Analyt. Psychol 1/12, Bd. 167, S. 75–105.
Vogel, R. T. (2013): Den letzten Weg gehen. Mythen und Bilder des Sterbens. In: Reddemann, L. (Hrsg.): Zeiten des Wandels. Die kreative Kraft der Lebensübergänge. Freiburg i. Br.: Kreuz Verlag.
Vogel, R. T. (2013a): Vom Aushalten des Gegensätzlichen – Die gemeinsame Basis der Analytischen Psychologie und der klassischen chinesischen Philosophie oder: Meine Begegnung mit Verena Kast in China. Analyt. Psychol. 172, 2/2013, 44.Jg., S. 252–258.
Vogel, R. T. (2014): Schicksal und Psychotherapie. Therapieschulübergreifende Anregungen. Berlin: Springer.
Vogel, R. T. (2014a): Der »geheimnisvolle Weg geht nach innen« – Grundlagen und Praxis der Aktiven Imagination. In: Dorst, B., Vogel, R. T. (Hrsg.): Aktive Imagination. Schöpferisch leben aus inneren Bildern. Stuttgart: Kohlhammer, S. 15–50.
Vogel, R. T. (2013): Existenzielle Themen in der Psychotherapie. Stuttgart: Kohlhammer.
Vogel, R. T. (2015): Das Dunkle im Menschen. Das Schattenkonzept der Analytischen Psychologie. Stuttgart: Kohlhammer.
Vogel, R. T. (2015a): Der Tod ist groß, wir sind die Seinen. Mit dem Sterben leben lernen. Ostfildern: Patmos.
Vogel, R. T. (2015b): Unlösbar. Existenzielle Themen in Beratung und Therapie. Kontext 1/2016, Bd. 46, S. 42–48.
Vogel, R. T. (2016): C. G. Jung für die Praxis. Zur Integration jungianischer Methoden in psychotherapeutische Behandlungen. 2. Aufl. Stuttgart: Kohlhammer.
Vogel, R. T. (2016a): Alchemie und Beziehung. In: Gödde, G., Stehle, S. (Hrsg.): Die therapeutische Beziehung in der psychodynamischen Psychotherapie. Ein Handbuch. Gießen: Psychosozial.
Vogel, R. T. (2016b): Selbst und Tod. In: Frick, E., Vogel, R. T. (Hrsg.): Den Abschied vom Leben verstehen. Psychoanalyse und Palliative Care. 2. Aufl. Stuttgart: Kohlhammer.

Vogel, R. T. (2016c): Supervisionskompetenz in der Analytischen Psychologie!? Analyt. Psychol. 47. Jg. 4/2016, S. 491–498.
Vogler, Ch. (1994): Die Odyssee des Drehbuchschreibers. Frankfurt a.M.: Zweitausendeins.
v. Franz, M. L. (1969): Der Individuationsprozess. In: Jung, C. G.: Der Mensch und seine Symbole. Olten: Walter Verlag.
v. Franz, M. L. (1985): Die Suche nach dem Selbst. Individuation im Märchen. München: Kösel.
v. Franz, M. L. (2001): C. G. Jung. Leben, Werk und Visionen. Krummwisch: Königsfurt Verlag.
v. Franz, M. L. (2001a): Traum und Tod. Krummwisch: Königsfurt Verlag.
v. Franz, M. L. (2002): Psychotherapie. Erfahrungen aus der Praxis. Einsiedeln: Daimon.
v. Franz, M. L. (2012): Der Schatten und das Böse im Märchen. München: Droemer Knaur.
Wehr, G. (1995): Selbsterfahrung durch C. G. Jung. München: Pattloch Verlag.
Wehr, G. (1996): Gründergestalten der Psychoanalyse. Profile-Ideen-Schicksale. Zürich: Artemis u. Winkler Verlag.
Wetzel, S. (2011): Aufmerksamkeit, Achtsamkeit und Erwachen – buddhistische Perspektive. In: Reddemann, L. (Hrsg.): Kontexte der Achtsamkeit. Stuttgart: Kohlhammer, S. 39–51.
Weyerstraß, (2015): Das Rote Buch als Weg-Eröffner. In: Arzt, Th. (Hrsg.): das Rote Buch. C. G. Jungs Reise zum »anderen Pol der Welt«. Würzburg: Königshausen und Neumann. S. 39–58.
Whitmont, E. (1969): The Symbolic Quest. New York: Putnam.
Willemsen, R. (2016): Wer wir waren. Frankfurt a.M.: Fischer.
Winnicott, D. W. (1984): Reifungsprozesse und fördernde Umwelt. Studien zur Theorie der emotionalen Entwicklung. Frankfurt a.M.: Fischer.
Wirthgen, R. (2011): Achtsamkeit in der tiefenpsychologischen Behandlung. Analyt. Psychol. 166, Jg. 42, S. 428–449.
Wolf, S. (2016): Zwischen Bestimmung und Beliebigkeit. Zur Aktualität von Jungs Selbstkonzept. Analyt. Psychol. 184, Jg. 3/2016, S. 162–182.
Yalom, I. (1998): Die rote Couch. München: btb.
Yalom I (2005) Die Schopenhauer Kur. München: btb.
Yalom, I. (2010): Existenzielle Psychotherapie. Köln: Edition Humanistische Psychologie.
zu Salm, Ch, (2015): Dieser Mensch war ich. Nachrufe auf das eigene Leben. München: Goldmann.

# Sach- und Personenverzeichnis

**A**

Adler  17, 23, 28, 34
Aktive Imagination  76, 93, 130
Archetypus  14, 47, 49, 55, 75, 77
Automorphismus  89

**B**

Becker  30, 32, 42, 92, 124, 132
Bindung  31, 32, 66, 107
Boothe  80, 84
Buber  60

**C**

Campbell  37, 50–54, 57, 79, 88, 129
Coincidentia oppositorum  43

**D**

Dao/Tao  32, 42, 91–93
Dorst  98, 131

**E**

Enantiodromie  42
Entelechie  17

**F**

Finalität  32–34, 36, 83–84, 98, 100, 103, 109
Fordham  63–64
Freud  17, 21, 28, 30, 38, 49, 83, 88, 94, 106, 120

**G**

Giegerich  44
Glück  102, 113
Grün  19, 58, 99, 122

**H**

Heidegger  17, 24, 34, 84, 101
Hochzeitsquaternio  59, 112

**I**

Integration  76

**J**

Jacobi  10, 15, 17, 26, 28, 41–42, 47–48, 76, 85, 106, 109, 120
Jaffe  31, 56, 89–90

## K

Kast 26, 37, 41, 44, 75, 79–80, 82, 85, 87, 95, 98, 100, 104, 110, 114, 121–123, 131, 133–134
Kausalität 33–34
Kohut 32, 36
Krank, krankhaft 35, 56, 69, 77, 105, 127
Kreativ, Kreativität 43, 80, 129
Kunst 75, 80, 129

## L

Lebensthema 63, 85, 100, 133
Leid, Leiden 105, 112, 122–123
Lesmeister 94

## M

Mandala 44
Märchen 48, 50–51, 55, 99, 129
Meier 26
Mutter, mütterlich, Mutterkomplex 21, 50, 52–53, 65, 67, 69, 76–78, 90, 107
Mystik 34
Mythen 48–49, 51–52, 54–56, 99, 129

## N

Narzissmus 31, 32
Neumann 22, 49, 51, 63–66, 70, 77, 88–89, 95, 99
Numinosität 91

## O

Ödipus 50, 53

## P

Perls 24
Plassmann 41, 107, 117, 120–121, 125
Principium individuationis 18, 26
Psychoanalyse 11, 13, 17, 21–22, 25, 28, 49, 68, 88, 94, 96, 106, 118–119, 126

## R

Rafalski 38, 40, 46
Roesler 27, 47
Roth 87, 132

## S

Schicksal 35, 41, 83, 100, 106, 115
Schnocks 10, 85–86
Seele 14, 37, 51–54, 89, 105, 114, 127, 133–134
Seelenanteile 75–76
Sehnsucht 32, 55, 68, 113
Septem sermones ad mortuos 26, 42
Symbolisierende Einstellung 55, 127, 129

## T

Tiefenpsychologie 13, 20, 51
Tod 24, 27, 41, 45, 47, 51, 53, 59, 69–70, 75, 79–80, 82, 84–85, 87, 91, 101, 106, 130
Traum 40–41, 75, 90, 98, 129–130
Trauma, traumatisch 107

## V

v. Franz 67, 73–74, 81, 107, 122, 125, 131
Vas hermeticum 112
Vater, väterlich, Vaterkomplex 49–50, 53, 64–65, 78, 107
Vox dei 109

## W

Wilhelm 36, 91, 93, 135

Winnicott 18, 106
Wu wei 124

## Y

Yalom 20, 25, 80, 86, 117
Yin und Yang 42, 91, 93

## Z

Zentroversion 64, 89, 96

In der Reihe „Analytische Psychologie C. G. Jungs in der Psychotherapie" bereits erschienen:

Christian Roesler

**Das Archetypenkonzept C. G. Jungs**

Theorie, Forschung und Anwendung

*2016. 222 Seiten, 3 Abb. und 1 Tab. Kart.*
*€ 30,-*
*ISBN 978-3-17-028416-6*

Das Buch fasst erstmals die klassische Theorie der Archetypen und der archetypischen Stationen des Individuationsprozesses bei Jung und seinen Schülern sowie die theoretische Weiterentwicklung auf der Basis von Forschung und Erkenntnissen aus der Anthropologie, Humangenetik und den Neurowissenschaften zusammen.

Claus Braun

**Die therapeutische Beziehung**

Konzept und Praxis in der Analytischen Psychologie C.G. Jungs

*2016. 200 Seiten mit 10 Abb. Kart.*
*€ 30,-*
*ISBN 978-3-17-029322-9*

Der Autor bezieht die zentralen Konzepte der Analytischen Psychologie und besonders die jungianische Technik des Amplifizierens auf die bewussten und unbewussten Beziehungsaspekte im Behandlungsverlauf und gibt ausführlich Einblick in die Beziehungsdynamik einer analytischen Psychotherapie.

Leseproben und weitere Informationen unter www.kohlhammer.de

W. Kohlhammer GmbH
70549 Stuttgart